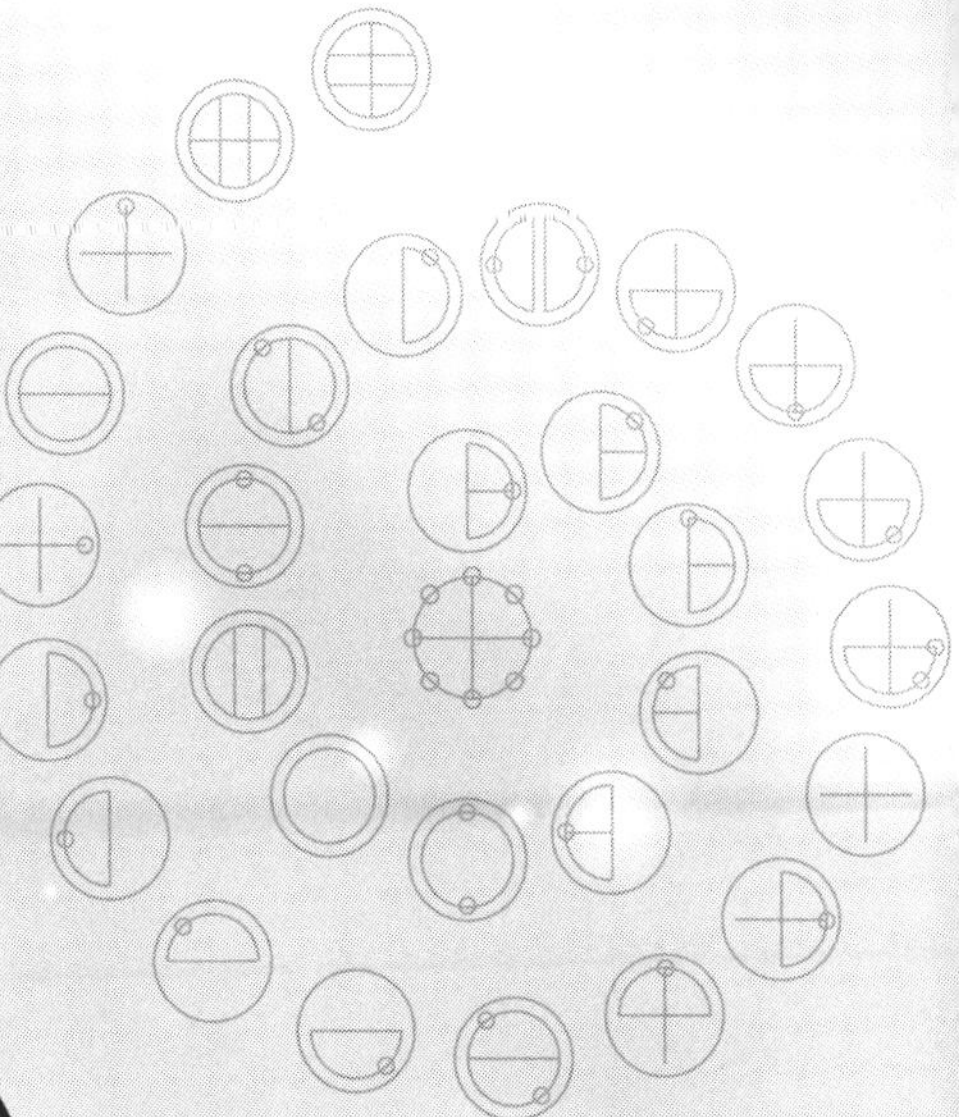

カタカムナで直感する 神人一体の合氣

「絶対不敗」の真理へ

魂合氣研究会主宰
大野朝行

BAB JAPAN

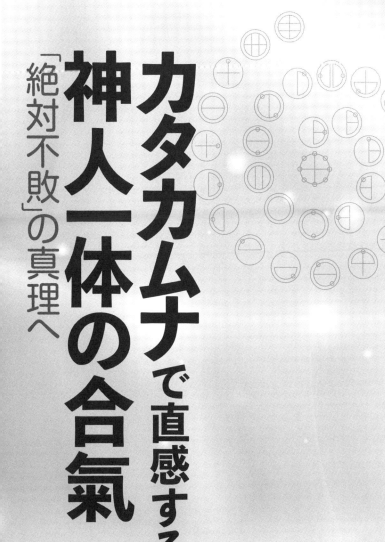

はじめに

古来日本人は感受性が豊かで、身心共に壮健でした。現在の有様からは想像できないでしょう。しかし、カタカムナ文明をルーツに持った日本人は、世界唯一とも言える、生命力に満ちた生き方をしていたのです。

なぜそれができたのでしょう。その理由を、カタカムナと合氣道開祖・植芝盛平《うえしばもりへい》の語録『合氣神髄』（柏樹社）及び『武産合氣《たけむすあいき》』（白光真宏会出版局）、神道や『古事記』などを通してお伝えしていきます。

『合氣神髄』と『武産合氣』には、植芝盛平が伝えたかった合氣の神髄がびっしりと書かれています。ここには「合氣道には形はない」「魂の学びである」「神人一体が合氣の極意」「万有愛護の道」「絶対に闘ってはいけない」「病氣をなくすのが合氣の道」など、まさに真理がありました。そしてこの本との出会いから、私は植芝の合氣を忠実に再現したいとの思いが強まり「魂の合氣研究会」を２００６年に立ち上げ、合氣を研究指導してまいりました。

合氣道はスポーツではありませんから、受け手を動かすとき、技をかける取り手は筋力は使いません。生命波動（氣、あるいは遠達性の力、神の力）を用います。すると、受け

手は取り手に共鳴して自然と動いてくれるのです。このような力を知るにつれて、これこそが生命力に満ちたかつての日本人の強さたる所以だとわかりました。神の力といっても良いでしょう。この力があることもカタカムナの研究を通して確証が得られました。

昨今「カタカムナ」がにわかにブームとなっていますが、私は『相似象』（宇野多美恵著）を通して１９９５年から学んでいます。カタカムナは、科学や常識の領域を超えた、無限の大きさと深さのあるサトリです。『合氣神髄』（43頁）にも**「和と統一こそ、宇宙が示したまわれた貴い大原理、大原則である」**と記されています。両者は共に宇宙の原理、原則を解くうえで、壮大かつ重要な鍵となることでしょう。

しかし、欧米的な物質主義に冒された現代の日本人にとって、これらの鍵は絵に描いた餅同然と言わざるを得ません。『相似象』の中で、宇野多美恵もくり返し記しています。**「カタカムナは何万年も前のものですから、そこに書かれていることを現す適切な言葉が有りません。頭では理解出来ませんから、感受性を鍛えて理解して下さい」**と。

ですから、学校や塾のように、言葉の意味を頭に詰め込もうとするだけでは、学ぶ意味がありません。カタカムナを通して神が伝えようとしている生き方、つまり、アワ（感受性）とサヌキ（知識）を統一させて生きることが大切なのです。

アワ性は「神と繋がる直感力」でもあります。これは、カタカムナを解読した楢崎皐月《ならさきこうげつ》の思いであり、植芝盛平の伝えたかった合氣道の真理でもあります。オホ（神に親和）されトノヂ（神との親和、重合を持続）し、トノヘ（方向性をもって）生きることこそが日本人の本来の強さであり、あり方だったのです。

神に深く親和していただけるように、マノスベシ（自然に添った心身のあり方）や「アマウツシスベ」（命の根源を体に給与させる方法でミを入れるとも言います）を行うのです。このような感受性、直感力（神との繋がり）を鍛えるための原則が、カタカムナと『合氣神髄』にはありました。

これらは外国文化とは、様々な点で真逆になります。ここがわかりにくく、またお伝えしにくいテーマなのです。現代の一般常識とも真逆の話になりますから、わかってくれる方は少ないのです。しかし時代の変わり目でしょうか、ここに来て、女性を中心に理解していただける方が増えつつあります。

日本人の強さとそのあり方を知れば、人生は全く変わることでしょう。かつての日本の文化には、真の道があったのです。ぜひ本書を繰り返しお読みになって身に付けていただき、そしてわかる方にはそれを伝えていただきたいと切に願っております。

C O N T E N T S

第1章

真に秀でた日本の古来文明

大陸へと伝わった日本の文明

縄文時代（戦前は上古代といった）は、世界で唯一と言って良いほど優れた文化と豊かな自然に恵まれていました。

また人々も素晴らしい精神性と生命力を持って、長い間平和に暮らしていました。

カタカムナを解明した楢崎皐月《ならさきこうげつ》は、大東亜戦争時代、陸軍の製鉄所長として吉林《きつりん》に住んでいました。ある日、その地で最も人々の信望を集めていた老子教道士、蘆有三《らうさん》に遭遇します。

蘆有三によると、**「上古代の日本の地に、アシヤ族という、高度の文明をもつ種族が存在し『八鏡の文字』を創り、特殊な鉄をはじめ、さまざまの生活技法を開発していたこと、そして、後代の哲学、医学（易の思想や素問《そもん》・霊枢《れいすう》、漢方等）は、その文化の流れの中に展開したものであるという、老子の古伝をあかしたのです」（『相似象』第8号86頁）**とのことです。

日本の鉄文化の優秀性

「特殊の鉄」に関する逸話があります。

楢崎が蘆有三老師を訪ねると、老師は、自ら庭の泉水を鉄製の釜《かなえ》に汲み入れ、数枚の木の葉をもんで、火打ち石で点火しました。その湯で出されたお茶が、なんと舌を焼くほどに熱かったそうです。

この不思議な状景が、物理学者である彼の強い関心をひきました。その鉄製の釜を何とかして譲り受けて調べたい一心から、二度三度と訪問を重ねて懇請しました。老師は**「これは寺に伝わるもので、手放すわけにはゆかぬが、日本製であるから、日本で探せばよかろう」（『相似象』第8号86頁）**と答えたのです。

よく、縄文時代は弓矢を持って獣を追いかけていたと思われていますが、それは間違っていると思います。貝塚を見てもわかるとおり、自然の恵みは豊かで食事にも事欠かなかったはずですから、狩りをする必要などなかったのです。肉食ではなかったことも日本人特有の強さを作り出しました。

衣服も動物の皮ではなく、マツロユフミチ（服織法）がありました。イナホタカチホオモホツミ（稲作）も、タガラモリミチ（農業技法）もありました。日本文化の優秀さの一端として、カムヒルメ（製鉄法）について、カタカムナのウタからお伝え致しましょう。

カムナガラ　オロシホムロギ　カナメヤキ　ホコネクシカネ
タルミタメ　カタシフキミチ　カムヒルメ
（カムナガラノミチ　第81句）

※「カムナガラノミチ」全104句は『相似象』（第5号）に載っています。カムヒルメ（製鉄法）については、第81句から第88句に、仕上げ打ちに至るまでの技法が記されてます。

【大要】

●カムナガラ（カムが盛んに関わることで現れるのですが）、
※カタカムナのウタの多くは、カムナガラから始まります。枕言葉のはしりです。
●オロシ（山頂から吹き下ろす強い風）を利用して、
●ホムロギ（山の斜面に設けた焼き物用の炉）が、

◉カナメヤキ（鉄を含む鉱石を焼きます）それは、
◉ホコネクシカネ（火山から溶出した鉄塊）です。
◉タルミタメ（これを溶かして、タルミ〈塊が溶けて流れ落ちる滴下鉄〉をタメ〈溜め〉ます）。
　これが、
◉カタシフキミチ（溶鉱、冶金に関する製鉄技法）で、
◉カムヒルメ（カム〈天然の〉ヒルメ〈溶融理〉に適った技法）です。

技術者を驚かせた日本の鉄文化

　現在は西洋の製鉄法に変わってしまいましたが、日本には砂鉄を原料としたタタラフキという製鉄技法がありました。しかし、それ以前には火山の鉄鉱石を焼いて作る技法があったのです。

　このように日本には独自の鉄文化があり、その技法で作られた鏡や刀剣は錆びず、折れず、切れ味等は現代の技術にも及ばぬものがありました。

「ロンドンの大英博物館にある日本の古鏡は、半透明の反物質的な特殊の鉄として、ドイツの技術者を驚かせました」（『相似象』第3号41頁）

普通、鉄はどんなに薄くしても透き通ることなどあり得ません。それが、裏側から表の形が見えたという驚きでした。これは現代科学では解けないミトロカヘシ（原子転換）の「アキ　ウツシ　スベ」（技法）かもしれません。

縄文時代はアワ性の社会

縄文人は人に対してはもちろん、花や草木、獣、鳥、虫、月、星などにも愛らしい、楽しい、嬉しい、和らぐといった愛でる心で接していました。そこには、外国のように単なる物として見る氣持ちはありませんでした。また、そこから得たことを、身のまわりの調度品をはじめあらゆる物事に、独自の感覚で表現しました。誇るべき日本文化、その諸能の原点は、そのものが発する氣を如何に感受して表現するかにあったのです。

日本人は虫の音を聞き分けます。しかし、外国人には雑音としか聞こえません。日本人は虫の音を左脳で聞き分けるので、音色として聞こえます。一方外国人は右脳で聞き分けますから、雑音としか聞こえないのです。こういった国民性の違いも、文化の違いから生じました。

愛でる氣持ちで接すると、相手からも心地良い氣が返ってきます。日本の自然界が動植物に恵まれていたのは、相互に氣を高め合うことができたからです。

人をはじめ生物から発する氣はミツゴナミ（生命波動）であり、活力です。優しい氣が向けられれば、そのモノは優しい氣を発して共鳴してくれます。「ワー美味しい」という氣持ちが食べ物に届けば、味も一層変わります。生け花にも「綺麗ね、可愛いね」という氣持ちで接すれば、花の寿命もずっと延びます。

氣は生命力です。氣が満ちれば、自ずと免疫力も高まります。そのような恵みは、万有万神（全ての物は、万の神とその心を持っている）の世界だからです。

モロカゲサチ

モロカゲサチという言葉は、モロモロのお蔭でサチになることです。サチのサはカの量という意味があります。そこでサチは力の量のチ（持続）という意味になりますので、サチはカチ（価値）があるのですね。この「カ」あるいは「カム」という存在は、カタカムナ人が発見した最高のサトリでした。

カムはアマ（宇宙球）の外側の、無限のチカラの壁であり「チカラムスクラ」（力を生み出す潜象）です。

アマ（現象）はカムから生成されてカムへ回帰します。アマ・カムは無限に循環していきます。このことを「アマ　カムのメグリ」といいます。

「カ」は一言ではお伝えできませんが、万象万物の命の根源です。

力はどのように分化していくのか

カについて、わかりやすいウタを紹介します。

タカマクラ　ムカヒツガヒノ　アマウヅメ　ウマシイツツミ　ウキフマリ
サヌキアワマリ　オメタグヒ　イカツミマクミ　カラミクミ

（『相似象』第6号114頁）

【大要】

●タカマクラ
カムからタ（独立）したカがマクラ（マに自由に現れて）、

●ムカヒツガヒノ
カの正反（左回りのカと右回りのカ）が対向、親和重合して、

●アマウヅメ
アマ（一切の現象の始元量）として渦を巻いています。

●ウマシイツツミ
アマの渦芽から　次のような微粒子が生産されます。

●ウキフマリ
原子核にある、陽子・中性子。

●サヌキアワマリ
原子の外殻の電子（サヌキ）と正孔（アワ）のマリ（粒子）。

◉オメタグヒ

正反配偶したこれらの微粒子、ウキフマリや、サヌキアワマリ等）は、それぞれの内部構造に、

◉イカツミ　マクミ　カラミクミ

イカツミ（電氣素量）、マクミ（磁氣素量）、力（カラミ）の素量をクミ（組みこんで）います。

※この3種類のミのことをミツゴといって、イカツ（電氣粒子）の中身もこれです。私たちの体は原子で構成されていますが、原子を構成している素粒子の中身もミツゴです。ミツゴはカから分化したカのミ（実質）ですから、私たちはカミで作られているのです。

ミを入れて行うのが日本の文化

日本人は物作りに長けていました。物を作る際には、それを使う人の喜ぶ顔を見たいと思って、より丁寧に、より精密に、より感受して作りました。このことを「ミを入れて」といいます。これは五感で、あるいは第六感で感受して、そこから生まれる判断に従って

行動することです。

すると自分にも相手や対象物にも、カのミ（実質）が入るのです。「ミを入れる」行いは、アマウツシスベともいって、言葉では伝えにくいのですが、これができたときに初めて腑に落ちることでしょう。

日本人はお花見やお月見、虫の音や、葉擦れの音、波の音といった自然を見聞きすることが好きです。氣持ちを外へ向けて、それらを愛でることで、お互いにミ（生命力）が入ることを知っていたのです。

ミを入れてできた物事や作品は、まさにミの入った一品（逸品）になります。氣持ちは内に籠《こ》もらせずに、外へ向けることが大切なのです。合氣はミを入れなければ、技が効きません。「ミを入れて」の稽古なのです

昔の日本人は強かった

カタカムナ文化は、何万年もの昔から日本人のあり方に影響を与えてきました。西洋文化を取り入れて、文明開化といわれる大転換がなされた明治。それでもまだまだ外国思想

にどっぷりとは染まっていませんでした。

戦前までの日本人は心身共に強かったのです。男性はもちろん、女性でも普通に一俵（60kg）の米俵を取り扱うことができました。十里（40km）の道のりも普通に1日で歩くことができました。健脚であれば十五里も歩いたそうです。

本能寺の変が起きたとき、徳川家康は堺で見物旅行の最中でしたが、このままでは間違いなく殺されると思い、伊賀の山中を越えて岡崎まで必死の逃行をしました。およそ五十里（200km）を3日で走り抜けたといわれています。

参勤交代の行列の移動速度は、1日十里（約40km）であり、日本の旧陸軍の行軍速度も40kmでした。現代人には考えられない体力と精神力です。

エルヴィン・フォン・ベルツ（1849〜1913）は、明治9年に東京医学校（現在の東京大学医学部）に教師として招かれました。ベルツの日記に、ある実験をしたことが書かれています。

その概要ですが、22歳と25歳の車夫を2人雇い、1人には従来通りのおにぎりの食事、もう1人には肉の食事を摂らせて、毎日80kgの荷物を積み、40kmの道のりを走らせました。すると、肉料理を与えた車夫は疲労が募り、とうとう3日目には「どうか普段の食事に戻してほしい」と懇願しました。そこで元の食事に戻したところ、また走れるようになったそうです。

一方、初めからおにぎりだったほうは、そのまま3週間も走り続けることができました。現在では考えられないほどの体力です。ちなみに当時の人力車夫は、1日に50㎞走るのが普通だったそうです。

日本人を弱体化する政策

大東亜戦争が終結したとき、こんなに強い日本人は二度と見たくないと思ったGHQ占領軍は、日本文化を研究し尽くし、日本人の体力と精神力をなくすための様々な政策を取っていきました。おそらく多くの皆様がご存じかと思います。

その際、彼らにとって都合の悪い歴史や神に関するものを中心に7000冊以上の書物が焚書となりました。それと同時に、教科書も自分たちにとって都合の良いように書き換えられました。

それから70年以上が過ぎ、とうとう日本人の体力、精神力は彼らの思惑通り弱ってしまいました。老後も元氣が当たり前だった日本人が、今や病院や施設に入るのが当たり前になってしまったのです。

モロモロの生命力が減少した

木や草花、鳥や魚、虫、獣、土壌菌等の生物たちが、農薬や化学肥料の使用、道路や河川の改修工事等によって少なくなってしまいました。同時に、これらとのムカヒ（正反対向）によって生じていたアマウツシ（豊かな生命のために、アマノミナカヌシからアマココロという極微粒子を生命体に給与されること）も少なくなってしまいました。

下駄屋さんが町から消えて、皆が底の堅くて厚い靴を履くようになってから、姿勢や歩き方が急激に変わってしまいました。食生活は言うまでもありませんが、畳の生活から椅子の生活に変わり、皆が自動車に乗るようになって歩かなくなりました。

様々な生活習慣が和式から洋式に変わることで、日本人が本来持っていた体力や脚力、生命力は衰えてしまったのです。

欧米化してしまった日本の文化

現在の日本文化は、古来の日本とは全く真逆の欧米的なものに変わってしまい、むしろその弊害ばかりが大きくなってしまいました。欧米文化の特徴は、力を持ったものが上に立つピラミッド形の構造です。このような世界を、サヌキ（差を付けて抜きん出る）形の社会といいます。

一方で、カタカムナ文明をルーツに持った縄文時代は、物々交換の時代でした。良い物を作って、使う人に喜んでもらいたいといったアワ（相手に合わせて仲良くやっていく）形の社会を作り出し、平和な時代が何万年と続きました。誰もが抜きん出て上に立つことを望まない台形社会でした。

『合氣神髄』や『武産合氣』に出てくる「万有万神」「万有愛護の道」「神人合一」といった言葉も、カタカムナの伝えたいことと同じに思えました。

私たちは細胞たちの命の持続と和によって生かされています。その細胞のミナカ（中）にヌシ（目には見えない存在）として、アマ（宇宙）のチカラのナ（代行者）であるアマノミナカヌシの神が坐《ま》します。その働きによって、細胞も私たちもイマイマに生かされています。これが万有万神であり、神人合一なのです。

感受しながら動かせば疲労は少ない

外国の文化は、どこの国も全て戦争の歴史からでき上がったものですから、考え方も合理的です。姿勢や体の使い方も闘いから生まれたもので、スポーツはその最たるものだといえるでしょう。より速く、より強く、より高く、より先へという動作は、勝負を争うことから生まれましたから、自ずと動きはガサツになり、細胞に負担を掛けます。日本古来の体の使い方と比べると実に無駄が多いのです。

日本人の体の動かし方は、物作りから生まれました。物作りには感受性と丁寧さが大切です。例えば鉋《かんな》で板を削るときには、鉋の角度や、動かす速さ、力の入れ方など、全てを掌で感受しながら鉋の姿勢や動きをコントロールします。このように、アワ（感受）に従ってサヌキ（体を動かすこと）が正しい体の動かし方なのです。

ところが、現代では感受せず無造作に、あるいは上の空で体を動かすことが多くなりました。例えば、ラジオ体操のようにコントロールなしに身体を動かしたり、イヤホンで何かを聞きながら歩くことは、感受に従った動きではありません。

カタカムナでは感受性のことをアワ性といいますが、アワは潜象であり、生命力です。わかりやすくいえば、アワ（潜象）がバッテリー（電池）だとすると、サヌキ（現象の動き）がモーター（電動機）といった関係になります。電池の容量が大きければ、モーターは長時間稼働します。

同様にアワ量が多ければ、疲れずにサヌキ（体を動かすこと）ができるのです。実際、昔の日本人はアワ量が多かったので、長時間疲れずに働けました。そして感受して丁寧に動く、無駄のない動きがまたサヌキ量の消費を抑えたのです。

日本語発祥の意外性

カタカムナ文字の一つ一つには、それぞれ意味があります。その意味がわかってくると、多くの日本語が文字の意味を踏まえて作られていることがわかります。例えばハの文字は、正反、離れている、離れたところを繋ぐといった意味があります。そこから橋、端、箸、梯子《はしご》、艀《はしけ》、話、離れる、歯、挟む等の言葉が作られました。

このような言葉が豊富にあることを知れば、カタカムナ時代は確実にあったと理解できます。そして外国語とは全く違う日本語の特殊性もいろいろとわかってきます。外国では言葉が先に生まれ、文字はずっと後になってからできました。しかし、日本では言葉と文字が同時に生まれているのです。これだけでも日本は特別な国であったとわかります。

ちなみに『古事記』には様々な神々が登場しますが、その多くは上古代のカタカムナウタに出てくる言葉なのも興味深いことです。カタカムナ　ウタは天地宇宙の真相を表すヒビキを感受した上古代人が、その直感に基づいて作ったウタで、全部で八十首あります。

象《かたち》が潜んでいると書いて潜象になりますが、物質の最小単位とされる原子よりもさらに小さな存在、つまり原子を形作っている電子・中性子・陽子といった量子類をカタカムナ人はモコロと感受していました。そして、モコロはカムから段階を経て形成されていくことも上古代人は感受して、カタカムナの文字やウタにして残しました。

カタカムナの教えには罪と罰がない

日本人の精神力や体力を強くしたのは、神と繋がった心の自由さにありました。そもそも、カタカムナの教えには罪と罰といった考え方がありません。戒律もなければ、原罪（人は生まれながらに罪を背負っているという考え方）もありません。これらは渡来人が持ってきた文化なのです。

日本文化の素晴らしさは、倫理、戒律、法律といった人を決まりによってコントロールする考え方が何万年もの長い間なかったことです。それを文化が遅れていると見なす国もあるでしょう。しかしそうではなく、文化そのものが根本的に違うのです。「カムカヘル」つまりカム（根源）に帰って考える直感力が日本人にはあったので、そのようなものを必要としなかったのです。

外国では正邪の天秤にかけて判定する

古代エジプトでは「アヌビス」の神が死者の心臓を正邪の天秤にかけて、生前の行いに判定を下します。古代ギリシャでも、テミスの女神が掟に忠実であったかどうかを天秤にかけて宣託を下します。中国でも閻魔大王が善人か悪人かの判定を下して、相応の界へと送ります。

対して、カタカムナ　ウタには死者の霊や善悪、罪罰、懺悔といった意味を持つ言葉がありません。あるのは、根源的、天然自然的なイノチとココロのサーリなのです。

日本の文化にあこがれた遣日使

唐の高僧、鑑真《がんじん》は54歳で日本を目指す決意をしました。船出から暴風雨に見舞われ、5度の難破を重ねて、失明までしましたが、その決意は堅く、ついに6度目の753年に来日を果たしました。

そして鑑真は日本人に初めて戒律を授けました。日本文化の素晴らしさは戒律のように人の心を苛《さいな》む考え方がなかったことですが、なぜ彼はそのようなものを日本に持ってきたのでしょう。

命がけの渡航をしてまで日本に憧れたのは鑑真だけではありません。天智天皇（668〜671年）の頃には、2000人以上の一団が来日しています。

田中英道（東北大学名誉教授）によると「日本文化に憧れた遣日使は頻繁にやってきました。その数は、遣唐使、遣隋使の比ではありません。遣日使の方が遙かに多かった」とのことなのです。高知県足摺岬に旅行したとき、唐人駄場遺跡がありました。唐人が大勢集まった場所と聞き、地名の由来にも納得しました。

人生はイマタチ（今の質）

人生はイマイマ（この一瞬一瞬）です。私たちのカミ（潜象）はこのイマイマに、生命を再生しています。これをイマタチ（今の質）といいます。ですから、過去にこだわることは必要ありません。過去も未来も現象としては存在しないからです。今は過去から見れば結果であって、未来からいえば、過去から未来への過渡なのです。過去や未来にこだわっているとイマに生きていません。イマイマを大切に生きることこそが、生命力が満ちる生き方になるのです。

一切成就の祝詞

イマタチでは穢《けが》れません。過去を思って心を停滞させるから穢れるのです。

『一切成就の祓《はらえ》』という神拝祝詞があります。

「極めて汚きも滞《たまり》なければ穢《きたなき》とはあらじ、内外の玉垣《たまがき》清く浄《きよし》と申す」

つらい思い出とか穢い想念があったとしても、その思いの滞《たまり》がなければ、玉垣（想念）は清浄です。水でたとえるならば、溜まった水は腐ります。しかし、地下水として流れる井戸水は清水です。

玉垣は瑞垣《みずがき》ともいいますが、神社の周囲の山や森、参道等に巡らした垣根のことです。玉垣には寄付した人や講、会社名等が彫られています。玉垣を想念にたとえていますが、想念のあり方が人を守ります。

負けてはならぬ、そんな頑張り方を続けていれば病氣になるかもしれません。頑張る思いはサヌキですが、それを和らげるアワ（潜象）が多く給与されれば病氣にはなりません。アワ性（和と統一、万有愛護といった想念のあり方）がアワ（潜象粒子）を増やしてくれるのです。

想念のあり方を変える

ある女性が話してくれました。

「勤め先で毎日毎日上司に罵声をあびせられて、苦しみました。何で怒られるのだろうか、本当に自分はダメなのだろうかと思うと自信もなくなって、自分自身を責めていました。そんな緊張の中でも、頑張らなければという思いで耐えていましたが、死にたいという氣持ちが強くなって、とうとう病氣になってしまいました。仕事も辞めました」

「そして　病氣になったのは、自分自身をいじめすぎたからであって、今までとは真逆の生き方をすれば、元氣が蘇ってくるのではないかと氣がつきました」と。

病氣が切っ掛けで、今までの考え方や生き方を振り返り、そして氣がつき、変えなければと決心したことは、素晴らしいと思います。これからは自分を大切に、自分を好きになって、望む人生を生きていけるでしょう。

生き方を変えられれば、そこからどんな病氣でも治っていきます。

違いを認め合うことが良い社会

現代の学校教育は「およげ！　たいやきくん」の歌のように、型にはめて同じような人を作りますが、それではだめなのです。一人一人が違っていて、そしてその違いを認め合うことができてこそ良い社会になります。上に立つ者が、自分の思い通りに動かないからといって叱りつけるのでは能がありません。

細胞の社会を見ればわかります。60兆個270種類ともいわれる細胞がそれぞれの得意技を生かし、協調しながら働いているからこそ一人の命を生かすことができるのです。みんなが同じでは、人や社会を生かすことなど到底できないのです。

細胞の心を大切にすること

「自己の思いで自己を縛ってはだめである。そして真の自己を生み出す場の体を大切に扱い、魄《はく》を大事に扱うことを忘れてはならない」（『合氣神髄』16頁）

魄とは細胞の心です。細胞の心を大切にすることが、合氣では大切です。スポーツでは、身体を鍛える際に魄のことを全く考えずに、ハードトレーニングで細胞を虐《いじ》めています。魄を大事に扱うことを忘れてはならないのです。

自己の思いで自己を縛ってはならないというのは、今、自身のやっていることにこだわってとらわれてしまうのではないということです。違う見方があることも知っていただきたいのです。

縛られるといえば、空海（弘法大師）でさえ、その当時重んじられていた儒教の五常《ごじょう》（仁義礼智信《じんぎれいちしん》）と忠孝《ちゅうこう》の道義から外れるような出家は正しい生き方ではないという考えによって、心が抑圧されたと著書『三教指帰《さんごうし》』で省みています。

儒教は、元々王が国家をまとめるために都合の良い教えでした。それゆえ、人々を縛るものであって、真の教え、神の教えではないといわざるを得ません。

身滌《みそぎの》大祓《おおはらひ》で心のわだかまりも祓っていただける

「滞《たまり》なければ穢《きたなき》とはあらじ」と『一切成就の祓』にありましたが、過去や未来に思いを滞らせなければ玉垣（想念のあり方）は清浄なのです。これが神道の特長です。

渡来文化のように、宿業やカルマつまり、前世の生存中に為された善悪の行為が「因果《いんが》応報《おうほう》」となって現世に及ぼしているとか、人は生まれながらに罪を背負っているから、今生ではそれを精算しなければならないといって心を縛ったり、倫理や道徳、戒律などを提示して、それを破れば自身の心が責めさいなまれるといった不健康なあり方ではありません。懺悔ではなく、魂の学びなのです。

浄化という考え方も、善悪に二分する考え方も渡来文化のものです。罪とか穢れは人が作り出したものですから、それを作れば侵すことにもなるでしょう。

日本も平安時代頃になると、罪と罰の意識が入ってきました。と同時に、それらをお祓いする考え方も生まれてきました。

『身滌大祓《みそぎのおおはらひ》』という神拝祝詞があります。


「高天原《たかまのはら》に神留座《かむづまりま》す。神魯伎神魯美《むろぎかみろみ》の詔《みこともち》以て。皇御祖神伊邪那岐大神《すめみおやかむいざなぎのおほかみ》。筑紫の日向《ひむか》の橘の小戸《おど》の阿波岐原《あわぎはら》に御禊祓《みそぎはらえ》へ給《たま》ひし時に生座《あれませ》る祓戸《はらひと》の大神等《おほかみたち》。諸々《もろもろ》の枉事罪穢《まがごとつみけが》れを祓ひ賜へ清め賜えと申《まを》す事の由《よし》を天津神国津神《あまつかみくにつかみ》。八百万《やをよろず》の神等共《かみたちとも》に聞食《きこしめ》せと恐《かしこ》み恐《かしこ》み申《まを》す」

『古事記』には、伊邪那岐大神《いざなぎのおほかみ》がイフヤサカら脱出した後「私は穢《きたな》き国にいったものだ、禊ぎをしょう」といって、筑紫の日向《ひむか》の橘の小戸《おど》の阿波岐原《あわぎはら》で禊ぎをしたという話がありますが、この祝詞はこの話に習ったものです。これを唱えることで、祓戸《はらひと》の大神等《おほかみたち》や八百万の神等によって、私たちの心のわだかまりを祓っていただけますから、清涼な心でいられます。こういったことも日本人の精神を強くしてきました。

精神の病氣の原因は抑圧

現在は外国文化から来た道徳、倫理、戒律、法律、それと世間の常識とされる行きすぎた考え方によって、自分が加害者になったり、被害者になってしまうなど、不必要なまでに心に罪悪感や敗北感を背負わされています。実際、躁鬱病《そううつびょう》などは外国の病氣でしたが、日本でも近年増えているのは、様々なことが急激に外国化したことが原因のように思います。

常識というものに縛られ、我慢することが多くなるにつれて落ち込んでしまうのです。

いったん落ち込むと、悪い流れのサイクルに入ってしまって、なかなか抜け出せません。神道に道徳や戒律がないのは、それらで自分を抑圧してしまうこと自体がお天道様に申し訳ない行為だからです。そんな決め事がなくても、調和の心で、内なる心の鏡に照らし合わせ、感受性を働かすことができれば万事解決していきます。

仏教には解脱（煩悩が再び生じない状態）しないかぎりは、迷いの世界である三界（欲界、色界、無色界）六道（地獄・餓鬼・畜生・阿修羅・人・天）を輪廻《りんね》転生《てんせい》しなければならないという考え方があります。様々な界に何度も転生して体験するのです。そのような体験を通さなければ、人は学べないのでしょうか。

外国文化に染まってしまう以前の日本の精神性は遙かに高かったのです。三界六道等を輪廻して学ばなくても、カタカムナ文明を持った日本人のカミ感覚は養われていたのです。

汚れを祓い浄める合氣道

「たとえば、地に汚れたものがあると、虫がきてこれをきれいに処理してゆく。このように、虫類、魚類、鳥類、獣類等すべてに、その処理方法があります。人間は、汚れ、け

がれを浄め祓い、そしてその人の天授の使命を完うさせてゆくのが、合氣道であり……」（『武産合氣《たけむす》』30頁）

人の道は六道輪廻《ろくどうりんね》を体験することではなく、天授の使命、命《みこと》を実行することが大切なのです。天命は各自違いますが、一人一人に例外なく与えられています。

ニコニコでしか良いサイクルにならない

クという言葉からは苦を連想しがちですが、その本来の意味は、自由自在に楽しみながらその方向に進んでいくことです。首、くねくね、雲とも通じますし、クルクル、くにゃくにゃといった言葉のほうがむしろしっくりきます。国もクニ（自由さが定着している）ことから名付けられたのでしょう。

アマココロ(アマの心)は、生み出した子供である私たちが痛められることを好みません。死ぬまでニコニコと笑って暮らせる心身を願っています。そうした状態の中でしか、人生も、合氣道や神業も上達しません。「遠神笑《とおつかみほほえ》みたまえ」なのです。

外国文化が主流となった現代では、それまでの常識も変わり、多くの人が我慢を背負って生きる世の中になってしまいました。心身共に弱くなる一方です。渡来文化を真理と思って、検証せずに鵜呑みにしてしまう人が少なくありません。いつの場合も「何かおかしくはないだろうか」と、しっかり考えないことには真実は見えてきません。

私は両親からしばしば天邪鬼《あまのじゃく》な子と言われつつも、可愛がられました。天邪鬼とは人の言葉に逆らって、片意地を通すことです。「どうして」と、質問ばかりするので、親を困らせたようです。しかし大人になってからも、どうしてと考えることができて、このような道に入れたのだと思います。

傍目八目《おかめはちもく》いう言葉があります。他人の囲碁を傍で見ていると、実際に対局しているときよりもよく手が読めます。転じて、第三者の眼で見れば、物事の是非がよく見えることをこういいます。このような眼を持って世の中を見ていれば、真実が見えてきます。

「人を直すことではない、自己の心を直すことである」（『合氣神髄』150頁）

カムカヘルのウタ

カタカムナ　ウタは、カタリベによって伝わりました。中でも「カムカヘル」のウタはたくさんあります。その一つを見てみましょう。

カムナガラ　ヨロヅコトナリ　ササヘアヒ　アマネモロカゲ　アガムモノ
ヤクサヒトミチ　カムカヘル
（『相似象』第5号　カムナガラノミチ第51句）

【大要】

◉カムナガラ
カム（無限界）からナ（何兆回と）カ（あらゆるものの素、始元量）がラ（給与されます）。
※ガと読むときは、カを強調しています。ここではカサ（カの量）の多いことを強調しています。

◉ヨロヅ　コトナリ　ササヘアヒ
ヨロヅ（万象万物）のコトナリ（異なるそれぞれ）がササヘアヒ（支え合って）生きています。
◉アマネモロカゲ
アマネ（万物）は、モロカゲ（もろもろのお蔭）で存在できるのです。
※私たちが「お蔭様」という原点はこのモロカゲにありました。モロカゲには当然、神のお蔭もあります。
◉アガムモノ
そもそも、この精妙な宇宙を造り上げているのはカム・アマという無限の力の主です。そして、このカム・アマの力を体の中で代行しているのがカムナ・アマナです。これをアマノミナカヌシ（神）と呼んで崇めます。
※他にも、お天道さま、お月様、木、草花、地、人といったモロモロすべてが崇める対象になりました。万有万神なのです。現象と潜象の間には境界があって、その境界にアマナがあります。アマナとはアメ（マリ）の密度の高い状態をいいます。アマナ（アマノミナカヌシ）の役割はアマウツシの授受によって潜象を現象に分化させ、現象を潜象に

還元させます。アマウツシは現象物ではなく、目に見えぬ潜象であり、いろいろな現象と重合しています。

◉ヤクサヒトミチ

人のミチ（行い）はヤクサ（八方に、自由に分化していく）が、

◉カムカヘル

そのミチは直感力を働かせて、カム（神）から感受して考えることでしょう。

※カムからの感受というと難しそうですが、動物たちが持っている帰巣本能は、カム（神）からの伝えを常に感受することです。これによって帰巣できるのです。

カムカヘルのウタをもう一つ

カムナガラ　カヤイワモコロ　イキイクミ

ハエツ　キヘイヌ　ツキヌイマ

ヤクサヒトミチ　カムカヘル

（『相似象』第5号　カムナガラノミチ　第59句）

【大要】

カヤ（草）もイワ（岩）もモコロ（モロモロの極微粒子）も、皆イキ（生きて）イクミ（育っていく身）であって、ハエツ（発生）とキヘイヌ（消滅）のツキヌ（尽きない）イマ（イマイマ）の存在です。ヤクサ（様々に分化していく）ヒトミチ（人の道）も、カム（無限界、神）から感受して考えましょう。

※過去や未来は、頭の中にしか存在しません。過去を悔やんだり、未来を心配するのは人間だけです。深く悩んでしまうか、平常心でいられるかは、生まれつきのタチ（性質）ではありません。体がマノスベ（自然の秩序に従った）の姿勢でしっかりすれば、精神もしっかりします。精神がしっかりすれば、周りからあれこれと干渉されたり、怒られても、それはもう「ほっとけ様」の心境で揺れ惑うことがなくなってきます。

何かを成そうとする明確な意志と志《こころざし》を持って、神と共に歩むと決めれば、神は応援してくれます。神（潜象の働き）に任せれば良いのです。氣持ちを楽にして生きられるかどうかは、玉垣（想念のあり方）次第なのです。

マノスベの姿勢の作り方

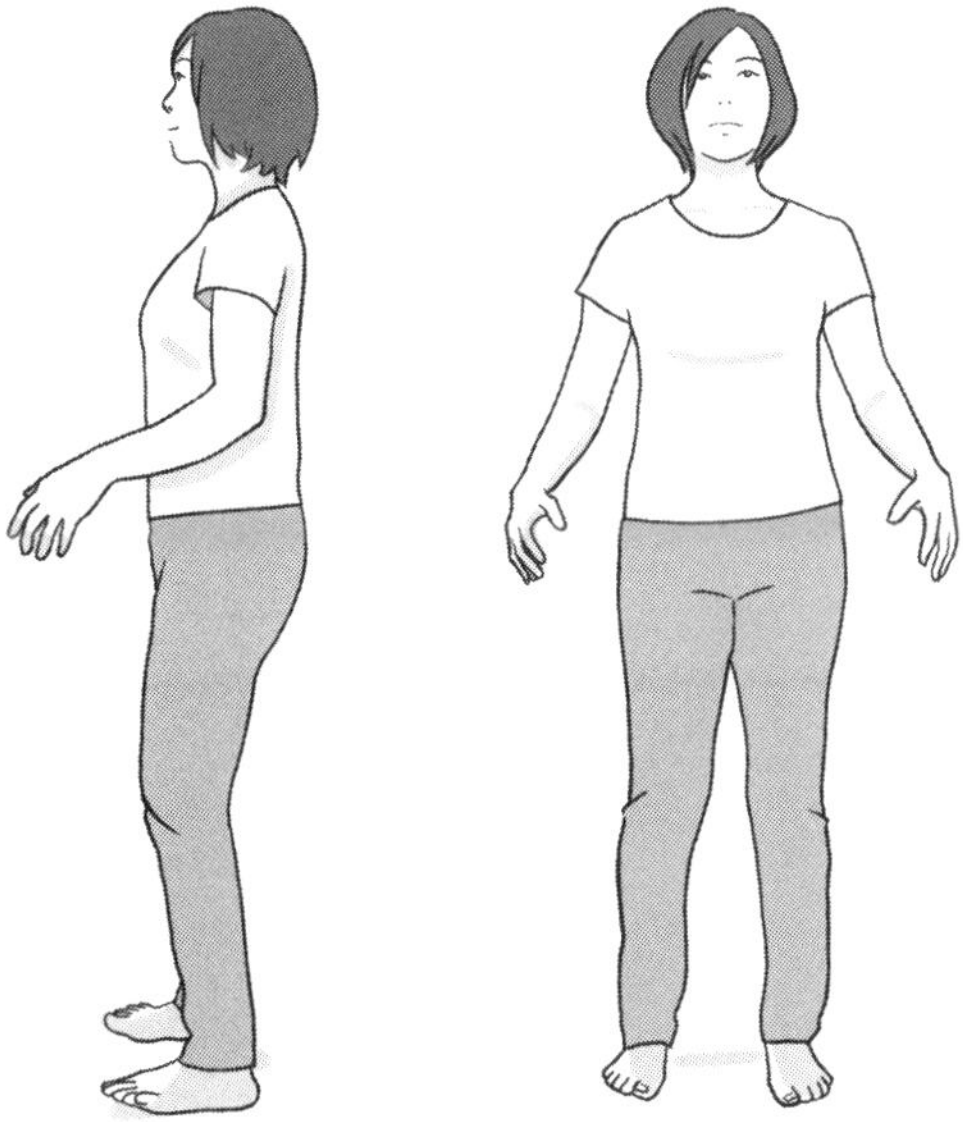

体で感受し、それに従った「マノスベの姿勢」。
足先が浮くくらいの後ろ重心となる。

マノスベの姿勢に変えると、カミの応援がありますから、健康、生命力、根気、才能、精神性と必要なことが改善されます。

マノスベの立ち方は、私の著書やホームページに詳しく書いていますからご覧ください。あるいは、レッスンにお越しください。とはいえ、大切な姿勢ですから、概要を記しておきます。

ヒ）両脚を腰幅に開きます（前から見ると脚は平行です）。
フ）肩甲骨を意識しながら、その下側を寄せます。すると顎は上がり、肩も後方に移ります。
ミ）遠方の山を広く見る氣持ちで、視線は水平よりやや高くします
ヨ）お腹をグイッと引っ込めて、背中側を丸くします。肛門が前側に移動します。
イ）すると踵立ちになるでしょう。このとき、バランスを取ろうとして膝を前に出さないこと。足先が浮くくらいの後ろ重心が良いのです。

おおよその説明でしたが、本書の中でも詳しいやり方を追々記していきます。

ちなみに、後ろ重心は、自分で後ろ重心だと思っていても前重心であることが多いのです。試しに、立ったときに、時々アマノミナカヌシと唱えてください。上体が後方に引かれるでしょう。神が正しい後方重心を教えてくれるのです。

第2章

神業はカミの力

合氣の理は神人一体

「全人類を大きく和合包摂《わごうほうせつ》し、総合揮一《そうごうきいつ》化して神人一体（合氣の理）を傷つけないようにするところに、宇宙や万物の発展が約束されている」（『合氣神髄』36頁）

サヌキ形の社会（現象重視の社会）では安心感を得るために、しゃかりきに頑張るしかないと考えがちですが、眞の生き方、眞の安心感はアワ形（神人一体という合氣の理）でしか得られません。

カタカムナによって、私たちはカのミ（神）でできていることを知りました。そこで神と共に歩む決心をすれば、ホグ（神に親和されて自由な状態）になります。そのことを私たちに氣がついてもらいたくて、神は誰にでもしばしば不思議なことや奇妙なことを見せてくれるのです。

アマウツシの条件に恵まれた日本の古代文化

楢崎皐月の満州での蘆有三《らうさん》との出会いや、金鳥山の平十字《ひらとうじ》（カタカムナ神社の宮司であり、楢崎にカタカムナ神のご神体と秘匿《ひとく》されてきたカタカムナ　ウタの巻物を写し取らせた）にまつわる出来事は、楢崎自身、何としても科学的説明のつかない神秘的な現象が多く、まるで幽幻の能を見るが如くでした。

ところが当初、彼はその不思議さと驚きを周囲の人々に伝えましたが、非常な辱めを受けたとのこと。「上古代人が、そのような高度の科学的物理を知っていたとは思えない。おそらく楢崎自身の思想を平十字だとか、カタカムナ文献などと、ありもしないのにかこつけているのであろう」という疑いをイヤというほどかけられたようです。

抗弁すれば「精神分裂、誇大妄想」とよばれ、極めて感動的な出来事も、一般常識の人には侮蔑の目でしか見られませんでした。それ以来、彼は、非常に用心深くなったそうです。

楢崎は**「日本の古代にすばらしい文化があったのは、日本の地が、たまたまアマウツシの豊かな条件に恵まれ、人々が、それにかなう生き方をしたからであって、条件さえ揃えば（対向発生の場さえあれば）立派な文化が育ち得るし、またそれでなければ普遍性はない」**

（『相似象』第8号　212頁）と語っています。

潜象は神々の仕事場

そもそも日本と外国とでは、神の考え方が違っているのです。

梵天（ブラフマー、インド人の神）、エホバ（ヘブライ人の神）、ゼウス（ギリシャ人の最高神）、ラー（エジプトの最高神）といった外国の神々は天に坐《ま》します。かたや日本では、古事記にみられるように、天つ神、国つ神、そして八百万（無限数）の神々は高天原《たかまがはら》に神《かみ》留坐《づまりま》す。

タカマガハラという言葉は、カタカムナで訳すと、タカ（発現象の相）マカ（分化の相）ハラ（還元の相）、つまり、あらゆるところに神留坐すということです。タカミ（現象）とカムミ（潜象）は重合、互換し、生滅（生ずることと滅すること）を繰り返しています。その生滅の実行者はカのミ（神）です。万象万物の潜象は神の仕事場なのです。

カミという言葉は、川の上流を川上というように、根源へと遡った先をカミといいます。同様に私たちの体の根源は、そのカム・アマ（始元量）なのです。万象万物は一つからは生まれません。カムとアマの二つから、全てが生滅しています。宇宙も例外ではありません。上古代の人たちは、カミ（生命の根源）に対して純粋な感受性を持っていました。それを、楢崎皐月は「カミ感覚」といっています。カミ感覚は動物的感覚、本能、感受性であって、それは神（カムナガラを簡略した言葉）が私たちや生物と交信するために作られたのです。

動物たちは神と交信することで、生まれた場所へ時期を違えずに戻れるわけです。我々もアワ（感受性）がなければ、生命のカミ（根源）に共鳴して、サヌキ（生命活動）を発動し、生存を維持していくことは難しいのです。

アマ（始元量）はカ

カムからアマ（現象）にカが発生した箇所をマといいますが、そのマを総称してアマといいます。カムナガラ（カムが関わって）生命をどのようにして発生するのかという発想は、現代人には全くありませんでした。

私たちのカミ（根源）は、カム（無限界）から、カタ（カとして独立）してマ（発生の場）に供給されたアマココロ（極微粒子）です。これをアマ、アメ、カハ（カの正反）等といい、楢崎は「始元量」と訳しました。始元量はヒフミヨイムナヤと段階を経て、成長していきます。

宇宙に密充しているアマ（始元量）は、カが芽を出したイメージで、アメ（現象の芽）とも呼びますが、カには違いありません。

カは他にもカム、カムツミ、マリ、ヒ、アワ等とも呼びます。ここがカタカムナの難しいところですが、カムナガラ（カムが何兆回もカとして現れ、体に給与されて続く生命活動）なのです。

私たちのミノシロ（生命体）もイキココロ（生命力も）アメ（始元量）がウツシされていますが、そのアマウツシを十分に受け取るには条件が必要です。その第一の条件は、マノスベシ（自然の秩序に従った生き方をスベシ）です。オノヅサリ（自然さ）が大切なのです。

ミを入れて行えば生命のバランスは調う

カ（カム）という存在はイメージしにくいと思いますが、カムアレキネ（カムは現象を発生する根源）というウタがあります。

カムアシキネ　アマタマノ　ムカヒ　アマ　アメ　オホトノチ　オホトノヘ
アマクニムカヒ　トコタチ
（カタカムナ　ウタ　第18首）

【大要】

◉カム

何百億光年という広さのアマ（有限宇宙）を包むように、そして万物に染み入るように存在しているのがカムです。カムは限りなく広く、私たちの生命にイマイマに関わってくれているものです。

水の中のスポンジを想像してください。水をカムとしたら、スポンジがアマ（宇宙であり、万物であり、私たちの細胞）です。つまりカムは、アマを包み込む存在であると同時に、アマの隅々にまで沁みこんでいる存在なのです。

◉アシキネ
カはム（六方環境）に存在していますが、無きが如くで捉えることはできません。ア（現象）としてシ（示され）るときはキ（発現）するからです。すなわち、カムはアシキの根（現象発現の場）です。
◉アマタマノムカヒ
アマ（現象発現のマ）とタマ（ここではミスマルノタマつまりアマナ）とのムカヒ（対向発生）によって、マは次々ノ（変遷）していきます。そこではムカヒ（対向発生）が為されて変遷していくのです。
◉アマ　アメ
アマのアメ（カ、始元量）の変遷の際には、
◉オホトノチ
オ（六方環境）のホ（カと親和）ト（重合）とノ（変遷）をチ（持続）し、
◉オホトノヘ
オホ（六方環境のカと親和）してト（重合、統合）とノ（変遷）はヘ（方向性）を以て行われます。

◉アマクニ　ムカヒ　トコタチ

アマ（アメ、潜象）とクニ（原子や細胞といった現象）とのムカヒ（対向）のあり方、関わり方で変遷していくタチ（性質）が生じます。それはオホ（環境の親和）によるト（統合）のコ（繰り返し）のタチ（され方）によって決まるのです。

※このような原理があるために、私たちは「ミを入れて行う」ことが大切になるのです。ミを入れて行えば、アマクニノムカヒも盛んになり、「アワセマクハヒ」、つまりアワ（カ）の給与もセ（盛んになり）、マ（生命）のク（自由）なハ（正反のバランス）をヒ（根元）から調えることができるのです。サヌキ（現象）はアワ（カ）の量によってタチ（性質）が変わりますから、カサ（アワ量）が増すあり方を常に念頭におきましょう。そうすれば生命のバランスは調って崩れないのです。

潜象には無限数の神が坐《ま》します

アマタマノムカヒによって、アマ（始元量）はヒフミヨイと成長して、イの段階でイカツ（電氣粒子）となります。イカツの内部にはイカツの実質であるイカツミとマクミの正反のミと、両者の絡みで発生する力の要素であるカラミや、トキ（結球性）、トコロ（拡散性）が、ミ（カの実）として存在します。

トキは時間量ですが、カムミ（生命力）のこと。トコロは空間量ですが、タカミ（生命体）のこと。トキ、トコロは、超高速で互換しています。これは常識とは全く異なる概念なのでわかりにくいでしょうが、私たちの体はイカツミ、マクミ、カラミとトキ、トコロという働きがあって、イキココロ（生命力）やミノシロ（生命体）が持続するのです。

トキ、トコロの充実した時間では、子供の頃のようにイキココロ（生命力）が充実します。マノスベシ（自然さの多い心身のあり方）やアマウツシスベ（生命力をいただく方法）を行うことで、ホグ（神の親和）が増えてトキ、トコロ（イキココロ）も増加するのです。

桃の実は意富加牟豆美《おほかむづみ》の命《みこと》

「武産合氣は桃の実の養成であり」（『合氣神髄』143頁）とあります。また『古事記』には、黄泉《よみ》の国から逃走する伊耶那岐《いざなぎ》の命《みこと》が、黄泉の国とこの世（現《うつ》し国）の境（伊賦夜《いふや》坂《さか》）で、桃の実を追手に投げつけて退散させ、無事脱出しました。そこで伊耶那岐の命が、桃の実に仰せになったのは「お前は、私を助けたように、現し国のあらゆる人々が苦しい目にあい、患い悩むときには助けるがよい」と、功績を賞して桃に与えた名前が意富加牟《おほかむ》豆美《づみ》の命《みこと》です。

したがって「武産合氣は桃の実の養成であり」というのは、桃の実には、邪氣を祓う能力があると信じられていましたから、そのような力を養成しなさいということでしょう。邪氣の対策については、第7章「合氣はミソギ　ミを入れて行う技」の項をご覧ください。

オホカムツミ（意富加牟豆美《おほかむづみ》）という言葉も、カタカムナが根源です。次のウタを見てみましょう。

現代の生活習慣病もなくなる

カムナガラ　ミハカシナ　カタカケメクル　オホカムツミ
ヨモツ　チシキノ　イフヤサカ カム　マトマリノ　ツキタテフナト
ミチナガチバ　タケナミハメ　ソラワケ　イフヤサカ
（カタカムナ　ウタ　第43首）

【大要】

●カムナガラ

カはム（六方に、無限に）存在して、ナ（何億回）もカ（カが関わりて）ラ（現象が現れ）ます。そんな思念の枕言葉です。

●ミハカシナ

ミ（ミツゴマリであるイカツミ、マクミ、カラミ）のハ（正・反）が、カ（カム）からシ（示され）ナ（繰り返され）て、シナ（品）になります。

●カタ　カケ　メクル

カ（カム界から）タ（現象に出た）カ（始元量）はケ（変化性をもって）メ（発生）してク（自由に）ル（存在）します。

※自由に存在するとは、カは単なる素材ではなく、神の意志を持っているということです。カがタ（独立して）カケメグルという言葉に、カの勢いを感じます。カは小さくて可愛い生命体のように思えてきました。

●オホカムツミ

オ（六方環境）でホ（正反親和重合）するカム（潜象）のツ（個々）のミ（実質）は、

●ヨモツ　チシキノ

ヨモ（四相をもって）モ（受け継がれている）ツ（個々潜象粒子）であり、チ（持続力）をシ（示し）てキ（発生）しノ（変遷）して、イカツに変遷します。

●イフヤサカ

イカツ（電子）のフ（粒子性と波動性の二つの働き）がヤ（極限・飽和・完成）すると、サカ（正反逆）のハタラキを現します。それは、

●カム　マトマリノ

カムがマにト（重合）する働きと、リ（分離）する働きにノ（変遷）します。

※重合はソギタチ（粒子性、収縮）、分離はソコタチ（波動性、膨張）の働きになります。これがイサナギ（粒子性）とイサナミ（波動性）の働きです。このようなサカ（逆さ）の働きがあることで、体の様々なバランス調整がなされるのです。

●ツキ　タテ　フナト

ツキ（個々に発生）しタテ（独立的に正反に出た）フナ（粒子性と波動性）は、ト（発

生と還元）を繰り返します。

●ミチ　ナガ　チバ

ミ（ミツゴマリ）がチ（持続）するには、ナガ（何兆回とカの供給）がチ（持続）するバ（場）であることです。

※つまり、生命力が持続する場になりますから、そのような場ができる工夫が大切です。アマウツシの条件に恵まれることです、と言い換えてもいいでしょう。

●タケ　ナミ　ハメ

タ（現象に出て）ケ（変化、変遷）をナ（くり返す）ミ（ミツゴ）がハ（正反）にメ（発生）して、電子粒子（ナギ）と生命波動（ミツゴナミ）の発生となります。

●ソラワケ

ソ（そこ）にラ（現れ）てワ（調和）を図るようにケ（変化性）をもって、

●イフヤサカ

イカツ（電子）のフ（粒子性と波動性）がヤ（極限・飽和）に達するようにサ（カの量）がサカ（割かれる）のです。

【大要】

アマノミナカヌシの神（アマナ）の働きが盛んであれば、シナ（品質）も良くなります。それには、マノスベの生き方、つまりオホの示す方向にスナホに乗った生き方をすることです。

こうして、ナガチバ（くり返しの力の発生が持続する場）で、タケナミハメ（ミツゴナミ）がソラワケ、つまりソ（そこ）にラ（現れる）ワケ（訳）です。

イフヤサカ、つまり、イフヤ（イカツの波動性と粒子性）がヤ（極限飽和）までサカ（力の量）が発生する場で、カタカケメクル（力は変化性をもって変遷し、分化し、発生します）。ヨモツチシキノ、つまりヨモツ（四相を以て）チシキ（持続的に発生し）イフヤ（イカツの正反のチカラが極限飽和まで）サカ（力量に相当した働きが生じます）。四相とは、ソコ（膨張、アワ）ソギ（収縮、サヌキ）シマ（流線、ナミ）マリ（粒子、ナギ）のこと。

イフヤサカの状態であれば、カム（アワ）が多量に親和重合して生じますから、現代病といわれる血圧、体温、血糖値、呼吸器、筋肉の緊張と弛緩といった生理のアンバランスも、ミツゴの働きが盛んで、しかも高電位であれば、カムマトマリノの働きによって正反のバランスを取る働きが強くなります。

現代の生活習慣病はバランスの崩れが原因です。年を重ねると動きが敏捷《びんしょう》でなくなるのも、バランスを取る速度が遅くなるからです。筋力の衰えではなく、オ（六方環境）にあってホ（正反親和）して、対向発生するアワ量が少なくなるせいなのです。

アマノミナカヌシの神は宇宙の力の代行者

アマノミナカヌシのことを、アマナともいいます。アマナはアマ（宇宙）の力のナ（代行者）です。アマノミナカヌシは、アマノ（アマから変遷した、電子、原子、細胞）のミナカ（真中）に、ヌシ（核）として存在します。

ヌシは潜象（見えない存在）の意味ですが、見えなくてもヌシは確かに存在しています。しかも、体内の60兆個の細胞の一つ一つに存在していますから、八百万（ヤオヨロズ）（無限数）なのです。アマノミナカヌシによってアマ（始元量）が体の必要なトキ、トコロに配られることで、私たちは存在しているのです。まさに神の働きです。

人に与えられている一霊四魂三元八力

「大宇宙科学のうちに、人もまた一霊三元八力与えられており、この世界の完成に我らはまた、万類の代表となり、経綸の主体となって止まることなし。……しかして己が一霊四魂三元八力の姿態を持って、清浄に融通無碍に緒結びをなし、宇宙の内外に魂を育成し邁進すべし」（『合氣神髄』167頁）

人には一霊四魂という神の力が与えられており、その力を働かせて宇宙の仕組みを、この世に移すことに協力することが大切です。

カタカムナ人はこうしたアマ・カムの力やその仕組みを明らかにしてくれました。私たちはその真意を汲み取り、日々それを生かして、神の作り出した仕組みに良い結果を出すことこそが神の願いでしょう。そんな氣概を持つことが、カタカムナや合氣神髄の教えなのです。

「緒結びをなし」とは、オホカムツミとのムスビのことでしょう。オ（六方環境にあって）ホ（正反親和重合）するカムのツ（一つ一つ）のミ（実質）とのムスビをなすこと。そうして、タカミムスヒ（生命体の発生）とカムミムスヒ（生命力の発生）を盛んにして、魂つまりアマナを育成することでしょう。

十種《とくさ》の神宝《かむたから》は身の内に与えられている

「自分が天御中主《あめのみなかぬし》となって、一霊四魂三元八力の御姿《みすがた》御振舞いを完成します。これに同化して宇宙の大神様の目的に向かってご奉公するのであります。十種《とくさ》の神宝《かむたから》も、三種の神器もみな吾人の身の内に与えられてあります。これを生命の動きとして取り出して自由に使わなければなりません」（『合氣神髄』71頁）。

人の身の内に与えられている十種《とくさ》の神宝《かむたから》については、龍神祝詞《りゅうじんのりと》に次のようにあります。

「高天原《たかまがはら》に坐《ま》しまして天と地に御働《みはたら》きを現し給《たま》う龍王は、大宇宙根源の御祖《みおや》の御使《みつか》いにして一切を産み一切を育て、萬物《よろずもの》を御支配あらせ給《たま》う王神《おうじん》なれば、一二三四五六七八九十《ひふみよいむなやこと》の十種《とくさ》の御寶《みたから》を己《おの》がすがたと變《へん》じ給《たま》い、自在自由に天界地界人界を治め給う、龍王神なる

を尊み敬いて、眞《まこと》の六根《むね》一筋《ひとすじ》に御仕《みつか》え申すことの由《よし》を受引《うけひ》き給いて愚《おろか》なる心の数々を戒《いまし》め給いて、一切衆生《いっさいしゅじょう》の罪穢《つみけが》れの衣《ころも》を脱ぎ去らしめ給《たま》ひて、萬物《よろずもの》の病災《やまひ》をも立所《たちどころ》に祓い清め給ひ萬《よろづ》世界も御親《みおや》のもとに治めせしめ給へと、祈願奉《こひねがいたてまつ》ることの由《よし》をきこしめして、六根《むね》の内に念じ申す大願《だいがん》を成就《じょうじゅ》なさしめ給えと恐《かしこ》み恐《かしこ》み白《もう》す」

この龍神の働きは、私たち一人一人に坐《ま》しますアマノミナカヌシの神の働きと同様に思えます。「六根《むね》一筋《ひとすじ》に御仕《みつか》え申すことの由《よし》を」や「六根《むね》の内に念じ申す大願《だいがん》を成就《じょうじゅ》なさしめ給え」とありますが、六根《ろっこん》とは仏教用語で、六識を生ずる六つの器官、眼耳鼻舌身意のことで、これらはそれぞれに色声香味触法《しきせいこうみしょくほう》の六境《きょう》を感じます。

六番目の意と法の境とは、鋭く物事の本質を見抜く精神の働きのことで、これは第六感の働き、神と繋がった働きと認識しています。第六感は神から与えられる指示をココロウケハシ（アマナ）で受けること、時によってはそれを脳に伝えて言語化もします。

このように、私たちには萬物《よろづもの》の病災《やまひ》をも立所《たちどころ》に祓い清める神の力が与えられていますから、それを支障なく発揮させたいものです。

アマノミナカヌシの神は、カムウツシ（生命力、イキココロの給与）アマウツシ（ミノシロ、生命体の給与）と、体の中のあらゆる不思議な働きを起こしています。

例えば、赤血球は細胞の中に共生するミトコンドリア（好氣性細菌）に酸素を運びますが、赤血球自体はブドウ糖を食しています。他にも血球やリンパ球は、様々な免疫機能の働きをすることで、イキツチノワ（生きている細胞の協調）に支障のないよう活動していることなど、枚挙《まいきょ》に遑《いとま》がありません。

体の中では、生滅の奇妙な働きが見事になされているのですが、この働きを弱める要因が、心身内外の環境です。これを守るのが玉垣（精神のあり方）です。常に生み出される細胞は、今の質と環境に応じて性質が変わります。そこで玉垣を良くしていけば、イマイマにタチ（性質）を良くしていくことができるのです。

ヒフミヨイムナヤコトは言魂

一二三四五六七八九十《ひふみよいむなやこと》の十種《とくさ》の御寶《みたから》とありましたが、ヒフミヨイムナヤコトの言葉には言魂《ことだま》の力があります。これがイチ、ニー、サン、シー、ゴー、ロク、シチ、ハチ、クー、ジュウでは、言魂の力（神の力）はありません。

言魂の力を持っているこの数え方を、今の子供たちは知りません。昔はおはじき遊びがありました。平たいガラスでできた玩具を出し合って、指先ではじいて当てたものを取り合うという少女の遊びでした。このガラス玉を数えるようなときに覚えたものです。言魂の力は、細胞の心にも働き掛けます。

氣持ちが入らなければ言魂にならない

「カタカムナ　ウタ　八十首」に出てくる言葉は、全てに言魂の力があります。しかし、渡来の言葉には言魂の力はありません。日本の言葉でも、「暖かい」「嬉しい」「心地良い」「おいしい」「楽しい」「優しい」「ありがとう」……。これらは氣持ちを表す言葉ですから、その氣持ちの量によって言魂になります。

これらの言葉は「暖かさ」「嬉しさ」「心地良さ」「おいしさ」「楽しさ」「優しさ」「ありがたさ」と氣持ちにサ（差）がでますから、サが多ければ、涙ぐむような心の振動さえも生まれます。氣持ちが少なければ言魂にはなりません。氣持ちの入るあり方が、ミを入れてなのです。

その点、カタカムナの言葉は、自ずと言魂の力を発揮しますから不思議です。神の言葉なのですね。『古事記』でそれらの言葉が御神名となっているのは、それがわかっていたからでしょう。「神様ありがとうございます」。これも、ありがたさの氣持ちが多く入れば言魂になります。

細胞のアマナはココロウケハシ

アマナにはココロウケハシという働きもあります。ココロ（極微粒子）を受け入れる始端であり、橋渡しをするところという意味です。「氣はココロ」といいますが、イノチにとって良いココロを受け取れば、「癒やされる」「心地良い」「緩む」「愛でる」といった感覚が生じます。

ココロは頭脳で受け取るのではありません。細胞のアマナで受け取るのです。ですから、アマナを持つ全ての動物、植物、微生物、岩にもココロ（心、氣）が伝わるのです。

マリ　アメ　ココロ

カタカムナ人はマリやアメ、ココロと使い分けていますが、同じものと考えても良いでしょう。マは光速以上で交番変化、つまり微分的な粒子性と波動性の交番があってマが変遷しています。この微分的な粒子性の状態をマリといいます。

マリは次のように自由にノ（変換）するのです。物質、エネルギー、イカツミ（電氣素量）、マクミ（磁氣素量）カラミ（力の素量）モコロ（生命質の基本粒子、物質の基本粒子）トコロ（位置量）トキ（時間量）。

マリは、アマ（始元）量のことを話すときはアメといい、私たちのことを対象に話す場合はココロといいます。アマココロノウツシツミという言葉がありますが、これはアマココロ（始元量）がノ（変遷）したウツシツミ（イカツミ、マクミ、カラミ、トキ、トコロ、モコロ等）のツミ（個々のミ）のことで、これらがアマウツシされて現象が作られていきます。

アマココロは単なる始元の量ではなく、アマココロ（アマの心）を持ったカのミ（神）といっても良いでしょう。そして、このアマココロのことをアワ（潜象）ともいうのです。

ココロはイノチの機能

細胞にはアマノミナカヌシの神が坐《ま》しますから、細胞にココロが伝わります。アマノミナカヌシは、感受した氣（ミツゴナミ）が生命にとって良いか悪いかを瞬時に判断します。悪ければ受け取りません、良ければ共鳴します。つまり、ココロは生命の機能の一つなのです。

共鳴すれば、フトマニ（正反対向発生）の条件が生まれます。すると、ヒフミヨイムナヤコトといった順序に従って、マが変遷されるのです。

共鳴現象

花には耳も眼もありません。花同士は色が見えないのに、なぜに鮮やかな色彩を競って咲くのでしょう。それは、花は人や虫たちに見てもらいたくて美しく咲くようです。

ある女性が、花の赤色に釘付けになって見とれていたら「見てくれたのですね」と、喜びの声が花から返ってきてビックリしたと話してくれました。

人は花の「器量」に惚れて相対すれば、花の発する可憐な波動と共鳴します。共鳴すれば、お互いの波動は増幅します。こうしてお互いが元氣になれるのです。

何に対しても、しっかりと「ミを入れて」行うことです。すると共鳴した波動は増幅します。その増幅のエネルギーは、アマ・カム（始元量）からアワ（潜象極微粒子）として給与されます。こうしてアワを盛んにいただけることが、生命の循環を盛んにします。これはあらゆることに通じる極意なのです。

イトオカシは電子が重合した心地良さ

イトオカシは平安時代の古語です。趣を持った不思議な言葉に感じます。イトオシ、イトケナシという言葉は、幼児を見て可愛らしいと沸き上がる氣持ちです。

イトオカシは可笑しさ、面白さ、素晴らしさ等の混ざった、言うに言われぬ心地良さで、これは細胞のココロが喜んでいる心地良さだと思いました。イ（電氣量）がト（重合、統合）して、オ（六方環境）にカ（カミの働き）がシ（示された）のです。

生物はイカツ（電氣）が自由に発生して体を駆け巡り、また重合する働きによって活動しています。イノチはイ（電氣）のノ（発生、変遷）がチ（持続）することですから、それがなくなれば息絶えます。

オ（六方周囲）にカ（生命始元量）がシ（示される）状態になると、イトオカシ（心地良さ）やトキオカシ（重合発生して、六方にカの力が示される状態）になるのです。ここにも神の働きが感じられます。

第3章

神人合一の理と合氣道

先祖からの技は日本の合氣道

植芝盛平は33歳で武田惣角《たけだそうかく》から大東流柔術の免許を得ます。そして大正7年、35歳で大本教に入信しました。大本教は出口王仁三郎《でぐちおにさぶろう》と、出口ナオという霊格の違う教祖によって当時、大きく発展しました。さらに37歳にて、大本教の聖地、京都の綾部に修業道場植芝塾を開設して修業に没頭します。また41歳のとき、出口王仁三郎と共に蒙古に入り、様々な経験をしました。

当時の中国大陸は日本の戦国時代そのままの乱世で、寸分の油断も許されない時代でした。銃弾が飛びくる瞬前に、白い扁平した氣体の球が飛んでくるのが見えるので、それを躱すと実弾はその後から流れていくという体験を幾度かしました。霊四魂に守られていたのでしょうね。

ついには昭和15年、57歳で合氣を開眼しました。それを合氣武道と称し、昭和17年からは神道を取り入れて合氣道と呼称しました。植芝は出口王仁三郎から神道を学んだため、『合氣神髄』には神道の教えが多く用いられています。

「昭和15年の12月14日、朝方2時頃に急に妙な状態になりまして、禊《みそぎ》からあがって、その折に今まで習っていたところの技は、全部忘れてしまいました。あらためて先祖からの技をやらんならんことになりました。この技は氣育、知育、徳育、常識の涵養《かんよう》であります」（『合氣神髄』24頁）

この「全部忘れてしまいました」という言葉に感動しました。身に付けたことが間違いとわかっても、それを取り除くのは容易ではありません。それをこの一言でできてしまうのですから。

先祖からの技とは、まさにカタカムナ文化で開花したカムナガラの神髄でしょう。

病氣をなくすことが合氣の道

「合氣はすべて氣によるものであります。すなわち精神は風波のごときものなのであります。精神に病氣を起こさず、精神が遊びにいっておるのを統一するのが合氣であります。この世界から病氣を無くすのが合氣の道であります。世の中はすべて自我と私欲の念を去

れば自由になるのであります」（『合氣神髄』32頁）。

「精神は風波のごときもの」なのです。強ければ、人を巻き込んで被害も生まれます。穏やかであれば、人を心地良くします。精神を統一させるのです。

まずはアワ（潜象）の働きを盛んにして自身を健康にして、病氣をなくすのが合氣の道です。合氣はアワ（潜象）の働きを盛んにする道なのです。

また「自我と私欲の念を去れば自由になるのであります」とは、実に名言です。玉垣（想念のあり方）が人を守ります。しかし具体的にはどうしたら良いでしょうか。日本文化はその答えを出してくれています。

武産合氣は氣の力しか使いません。氣をどうやって使うかというと、精神のあり方や姿勢ですから奥が深いのです。まずは筋力を使わないこと。動きに筋力が混じるほど氣は薄くなるからです。

次の章に記しますが、氣とは遠達性の力です。そんな力がこの世界にあることを知ってください。筋力を小さく押さえるためには、動きはゆっくりと小さくて良いのです。体にアメノウヅメ（氣の渦）ができれば、体を動かさなくても氣は動かせます。

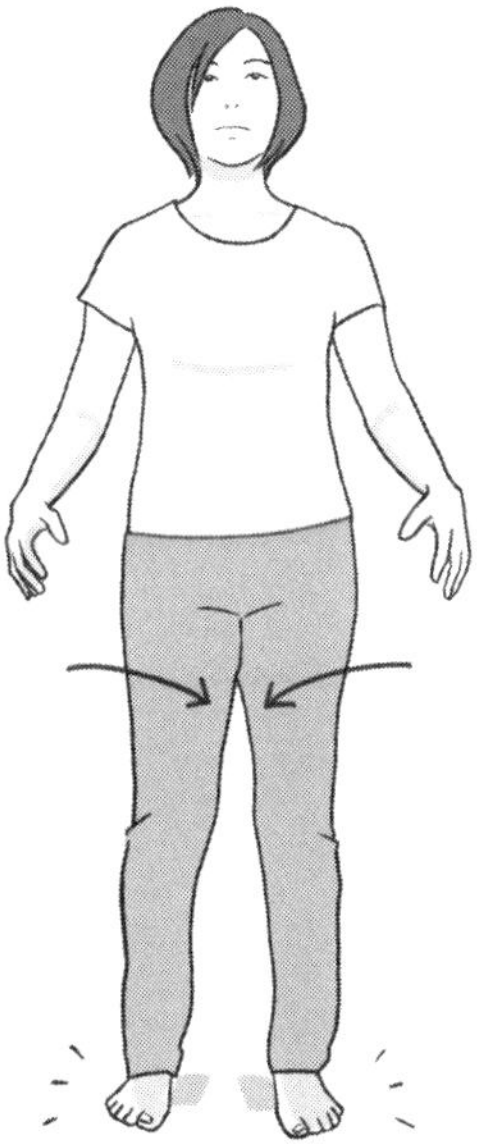

両腿を内側に回旋させるようにすると、自然と後ろ重心になる。後ろ重心ではアワ量が増える。

優しい氣には効果があります。この氣は受けるとわかりますが、とろけてその場に崩れてしまうほど氣持ちが良いものです。女性のほうが上手にできます。これを発生させるには、笑い出したいような楽しい氣持ちが大切なのです。

あるとき「この子は先生のファンなんです」と母親が小学校3年生の女子を道場につれてきました。なるほど、感性が良い子で、私が見せた神業もすぐに真似してできてしまいます。これを見ると、全身が柔らかく、頭も柔らかければ合氣はすぐにできるものだと改めて思いました。

すぐに考えたり、やり方を覚えようと真面目な氣持ちになると難しくなるのです。

氣の発生は、マノスベの姿勢が基本ですが、最近わかったことがあります。それは足裏に関することです。踵で立つことが基本ですが、両腿《もも》を内側に回旋させるようにすると、足裏の内側（親指側）のラインに重心が移り、自然と後ろ重心になります。後ろ重心の良さは、アワ量が増えることです。

日本の文化の素晴らしさを知って、氣が溢れる身体を皆が作れば、植芝のいう「この世界から病氣を無くすのが合氣の道であります」ということも実現するでしょう。元氣、病氣には氣という字が使われるように、氣が大きく関わっているからです。

天命に従って生きる

繰り返しますが、今の日本は外国文化の常識ばかりになっています。その常識は、自我と私欲から作り出されたものが多く「何かおかしい」のです。そこに氣がついたら、しっかりと考えてみましょう。すると、日本人本来の常識とは100%違っていることに氣がつかれるでしょう。

価値観の変換です。今まで自分を縛っていた常識を捨て去ることになれば、縄文時代の日本人の生き方もわかり、体の自由さ、心の自由さが得られます。

「先祖からの技をやらんならん」なのです。そして直感力を鍛えましょう。学校時代からやってきた詰め込み主義によって、いろいろな知識はあるかもしれませんが、それらにはあまり価値がありません。

皆はそれぞれに違っていて良いのです。各自に与えられた天命に従って生きることが大切であって、そのために神は、それぞれ違った能力や性質を与えてくれているのです。そして、そのためのご縁や体験もさせてくれます。

そのときに、常識が正しいという思い込みで選択肢を間違うと、チャンスを逸してしまうかもしれません。もしかしたら、その道の途中で終わってしまうかもしれません。

今の世の中は**「外所世《そとよ》の禍人《まかひと》の教え入りし国」（『古神道秘訣』より）**ですから、間違えやすいのです。まずは「何かおかしい」と感じたとき、その直感力に耳を傾けます。そして、自分自身を好きになることです。自分を嫌っている間は、神は応援のしようがないのです。

植芝の『合氣神髄』は神からの奥義です。自我と私欲の念をなくして、その奥義を実践することで、神は喜んで応援してくれるでしょう。

真の武道には相手もない

「相手があり敵があって、それより強くなり、それを倒すのが武道だと思ったらそれは間違いである。真の武道には相手もない、敵もない。真の武道とは宇宙そのものと一つになることだ」『合氣神髄』（115頁）

どんな相手にも負けないこととは、争わないことです。勝つとは心の中の争いに勝つことです。オリンピックではないのですから、争わないことです。そして己に与えられた使命を成し遂げること、これが台形社会のあり方、宇宙のあり方です。

合氣を例にお話ししますが、取りは受けを倒してやろうと思ってやっているのではありません。争いの心ではなく、その逆の心でなければ神業は生まれません。自身がこの状態であれば、こう動くとわかってやっているのです。この状態をミを入れてとか、マノスベとかオノズサリ（自然さ）といってますが、無心になるといってもいいでしょう。

「真の武道とは宇宙そのものと一つになることだ」とありますが、自身が宇宙の一部と捉えられる人はどれほどいるでしょうか。宇宙の星々と比べれば、私たちは極微小です。

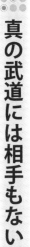

しかし宇宙の一員であれば、オノズサリのあり方を大切にして、万象万物と共に生存を全うすることが宇宙と一つになることになります。宇宙の中で私たちは生かされているのです。

人は天命を実行するべく様々なご縁が結ばれる

「宇宙にはいくつもの現れがあるが、それと同じに人間も、宇宙の愛の御働きのいろいろによって、そのまま行いに現すものでなければならない」（『合氣神髄』43頁）

人は天命を実行するべく、様々なご縁を神様に結んでいただいてます。楢崎皐月の生涯を見ても、天命である「カタカムナの解読」を成就するために、様々なご縁や出会いを与えられていることに氣がつきます。

楢崎は在満当時に蘆有三老師と出会い、八鏡文字の伝説を聞きました。このことは、彼の後半生に決定的な影響を与えました。すなわち、六甲山系の金鳥山の頂上にある俗称狐塚（蘆屋道満の墓）で遭遇した平十字より、カタカムナの神のご神体だと見せられた巻物の中の図象が、八鏡文字ではないかという直感が、彼のカタカムナ文献解読の端緒となったからです。

皆が同じことをするのではなく、皆違っていて良いのです。各自が好きなこと、得意なことを研鑽していけば、現代のようなピラミッド形の競争社会ではなく、縄文時代の台形社会に通じていくことでしょう。無駄な人生など何一つなかったことにあとで氣がつくものです。

細胞社会のあり方は、見事なまでに台形社会です。これが神の願う社会のあり方でしょう。体内の60兆個、270種類もの細胞の各々が、自分に与えられた仕事、天命に従って生きています。それによって一人の生命が無事に続いているのです。

全てが八百万《やおよろず》のカミ（潜象）でできている

カミは私たちの生命の始元量であって、私たちはそのカミででき上がっています。カミは潜象です。現在の物理科学は現象を対象としていますが、それでは片手落ちなのです。

カタカムナは命の発生をカミ（潜象）から解き明かしています。私たちの体は、現象と潜象が互換（入れ替わり）重合（重なり合い）そして、生滅（発生と消滅）を高速度で繰り返しています。これがタカマガハラです。万象万物は、タカ（カミが発現）し、マカ（分化）し、ハラ（還元）しているのです。

カミ（根源、潜象）から発生した現象は、次の瞬間にはカミに還元します。これがアマハヤミ（超光速）で繰り返されています。これこそが、カミ（神）の働きでしょう。万象万物の全てが八百万（無限数）のカミでできています。

潜象界で八百万のカミが働いている象は、体内で細胞たちの中でも、星々の中でも働いていますから、カミの世界は無限小から無限大まで幾重もの相似象になっているように思えます。

敬語の発達は神の存在から

西欧人は親や恩師、神仏に対しても、君とかお前といった二人称で呼びます。しかし、日本人にはそれができません。それは、アマ・カムといった二人称で呼べない神の存在が大きいからです。アマ・カムに対する上古代人の心情があって、それと同様に、尊敬する人に対しては二人称では呼べないのです。後代の日本語に敬語の発達をみたのは、こんな理由からでしょう。

外国では一人称（私、吾、自我）の考え方で、自他を分けます。神も人の住む世界とは異なる天界に坐《ま》しますから、神との分離が生じるのでしょう。

合氣道は禊ぎの技

「宇宙組織の魂のひびきの修業によって、自ずと自己の心の立て直しが行われ、真の自己を造りあげるのである、つまり合氣道は禊ぎの技である」（『合氣神髄』38頁）。

タマシヒ（魂）とは、アマナのこと。アマナがヒ（根源）から、ヒ（始元量）をヒキ（引き出す）ことをヒビキといいます。引き出すためには「カタカムナ　ヒビキ　マノスベシ」（カタカムナ　ウタ　第1首）つまり、マノスベをスベシということです。マノスベとは、自然の秩序に従った生き方、自然らしく生きることを意味します。

したがって、マノスベの姿勢とは一番自然らしい姿勢ということです。マノスベの姿勢は性質にも関わります。そこで自己の心の立て直しにもマノスベの姿勢が良いのです。瞬時に呼吸が深くなり、雑念が生じない状態に変われるからです。

マノスベシと同じヒビキの言葉に、マカヒクシサリという言葉があります。マカヒとはアマ（始元量）のこと。その力によって、アマ（始元量）がクシサリ（分化）していくことをいいます。分化もサ（カの量）によってでき具合がリ（変わり）ます。そこで今の性質を良くするには、カ（神）の示す方向に素直に生きる、つまり自然らしさを大切にして、何事もミを入れて行うことです。

禊ぎの本来は、ミ（カムミ）をソ（そこに）ギ（発生させる）こと、「ミを入れて」行えばミソギになります。すると体は「イヤシロチバ」に調います。

つまり「イ（イカツ、イノチ）をヤ（飽和、完成）までシ（示して）ロ（正反のバランスを）チ（持続）するバ（場、体）」ができるのです。

神の働きを現す素敵な言葉（1）

カ（神）の働きを現す言葉をいくつかご紹介しましょう。

●オキツ　カヒベラ

オ（六方環境）からキ（発生）したツ（個々のカ）は、カヒ（生命）のへ（方向性）をもってラ（現れ）ます。

※つまり、命の根元である極微粒子は、単なるモノではなく、何になるかという方向性をもって発生しています。一つ一つがアマココロを持っているのです。

●へサカル　ミチタマ

へ（方向性）とサカ（カムからサヅカル量）がル（定着）しますと、そこはミ（カムミ）のチ（持続）するタマ（独立したマ）なのです。ミチ（満ちる）タマ（アマナ）にカムミが満ちるのです。

●ミクマリ

アマナとも、ミスマルノタマともいいます。ミクマリには「カのミ」（生命の根源）が密充しています。これを生命力、生命体として、細胞にクマリ（配る）する命の供給源です。

◉ミコニホヤホ

ミ（ミを入れて）をコ（くり返し行えば）、オ（六方環境）からのホ（カの親和）がニ（定着して）、ヤ（飽和安定）までホ（カムウツシ、アマウツシ）が行われます。素敵な言魂です。

宇宙の力が加わるのが神業の原理

「鍛練は神業の鍛練である。これを実践して、はじめて、宇宙の力が加わり、宇宙そのものに一致するのである」（『合氣神髄』42頁）

真に神業の鍛練なのです。せっかく生まれてきたのですから、これを鍛練せずにして、何を鍛練するというのでしょう。

身心共にマノスベの状態であればミツゴナミ（生命波動、氣）は、体の外へ大きく広がります。細胞にとって心地良いナミですから、受けの細胞も共鳴します。共鳴すれば、取りの微妙な身体の動き、心の動きの変化を受けて、受けは自ずと反応します。そして動いてしまいます。

これが神業の原理です。そして神業の鍛練とは、心地良い生命波動を発生させることです。そのための動きと姿勢、精神のあり方、身心を柔らかくするためのミソギ等が大切になってきます。

合氣道はマノスベの姿勢と想念のあり方

「合氣道においては、相手はいるが、相手はいないのである。己が日頃の修練のままにおのずから動けば、不思議なことに、相手もその通りに動くようになるものである。私なら私と同じように……それが、合氣道というものの妙味である」（『合氣神髄』171頁）

これも神業の稽古なのです。

余談になりますが、私は宮本武蔵の『五輪書』から、合氣道に通じる古代の日本人の心身のあり方を知りました。『五輪書』は現代の常識を捨てて読まなければ理解できません。常識を捨てて読むことで、武蔵の思いがわかってきます。

宮本武蔵が日本人の姿勢の良いところを抽象してくれました。これこそが、神が日本人に教えてくれたマノスベの姿勢です。この姿勢を極めることと、玉垣（想念のあり方）によって、私は師を持たずに合氣道を身に付けることができたのです。

合氣道は神々によって完成された

合氣道は神々の総動員のもとに完成されました。

「国祖の大神の御稜威《みいつ》により五代、七代の大御業を神習い須佐之男《すさのお》の大神、建御雷《たけみかずち》の大神、経津主《ふつぬし》の大神、速武産《はやたけむす》の大神、猿田毘古《さるたひこ》の大神を奉じ、天地八百万《やおよろず》の神など、総動員のもとに合氣道は完成されていくのである」（『合氣神髄』１４３頁）

まさにこれは日本の文化であり神業の文化なのです。合氣道で使う遠達性の力は神の力ですから、神に添った心でなければ発生しません。そのように神々が総動員のもとに完成させたのが合氣道です。ここで、五代七代の大御業を成された貴い神々について少々触れておきましょう。

五代の神の大御業

ヒ	天之御中主《あめのみなかぬし》の神	アマノミナカヌシ
フ	高御産日《たかみむすひ》の神	タカミムスヒ
ミ	神産巣日《かむむすひ》の神	カムミムスヒ
ヨ	宇摩志阿斯訶備比古遅《うましあしかびひこぢ》の神	ウマシアシカビヒコヂ
イ	天之常立《あめのとこたち》の神	アメノトコタチ

『古事記』の冒頭に「天地初めて発《おこ》りし時に、高天原《たかまがはら》に成りませる神の名は、天之御中《あめのみなか》主《ぬし》の神。次に高御産日《たかみむすひ》の神。次に神産巣日《かむむすひ》の神。この三柱の神は、みな独神《ひとりかみ》と成りまして、身を隠したまひき。……葦牙《あしかび》のごとく萌《も》え騰《あがる》る物によりて成りませる神の名は、宇摩志阿《うましあ》

斯訶備比古遅《しかびひこぢ》の神。次に、天之常立《あめのとこたち》の神。……上の件《くだり》の五柱の神は、別天《ことあま》つ神ぞ」とあります。

天地初めて発《おこ》りしとき

冒頭の言葉は次の「アメツチネ　ハシマリ」から来ています。

メクルマノ　ミナカヌシ　タカミムスビ　カムミムスビ
カムナホク　アメツチネ　ハシマリ
（カタカムナ　ウタ　第10首）

【大要】

カハ（カの正反）は、アワ（左回り）とサヌキ（右回り）の渦であって、その正反の渦のト（重合）した最初のマカタマをヒといいます。ヒがヒフミヨイとノ（変遷）して発生する極微粒子の何れもがマであり、マガタマ、フトタマです。

マカタマがイムナヤというマガタマに変遷していくときに、マカタマの中心部には、ミスマルノタマ（ミの透けた潜象のタマ）状態のアマノミナカヌシができます。このアマノミナカヌシによって行われるのが、タカミムスビとカムミムスビです。生命とは、タカミ（生命体、ミノシロ、現象）とカムミ（生命力、イキココロ、潜象）の二重構造なのです。

●メクルマノ
旋転し循環して、マは変遷していきます。

●ミナカヌシ
マカタマノ　御中《みなか》の主《ぬし》が（ヌシは見えない）。

●タカミムスビ　カムミムスビ
タカミムスビ（ミノシロ、生命体の発生）とカムミムスビ（イキココロ、生命力の発生）です。

●ミスマルノタマ
それを行うのがミのス（透けた）マルノ（マに留まり変遷していく潜象）の丸いタマです。アマノミナカヌシといいます。

●オノコロシマ
オノ（六方環境）にコロ（粒子）として、オノヅカラ示されたマといった意味で、アメツチ（万象万物）のことをいいます。

オノコロシマが発生するには、カムナのホグがなければなりません。
●カムナ　ホグ
カムナ（カムの代理）のホ（正反親和）のク（自由）な関わりのこと。
●アメツチネ　ハシマリ
アメツチネとは、個々の生命体の持続には、アメツチ（生命の一つ一つの持続）がネ（根本）なのです。
※細胞の持続が人の生命の持続になるように。
●ハシマリ
ハ（正反）にシ（示された）マリ、この正反がムカヒ（対向）することでフトマニ（正反重合発生）が始まります。それによって生命が持続されるのです。

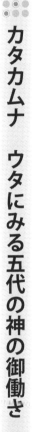

カタカムナ　ウタにみる五代の神の御働き

五代の別天《ことあま》つ神の働きを、カタカムナ　ウタで見てみましょう。

ヒ）アマノミナカヌシ
アマ・カムの持つ無限の力を発揮します。これによって私たちの体は健康でいられます。

フ）タカミムスヒ
タカミ（現象、トコロ、カタチ）のムスヒ（発生と消滅）。アマノミナカヌシによって供給されます。

ミ）カムミムスヒ
カムミ（潜象、トキ、イノチ）のムスビ（発生と消滅）。アマノミナカヌシによって供給されます。

ヨ）ウマシアシカビヒコヂ
アマノミナカヌシから物象がウマシ（発現）されて、アシ（芦のように縦に伸び）、カビ（黴のように横に広がる）ように生育します。

生育には、ヒ（根源の力）の供給をコ（くり返し）ヂ（持続）させなければなりません。その力をヒコヂ（十の字）といいます。十をジュウ、トウと読みますが、力の重合・統合の働きを表します。そこで十は神の力を表します。

【由来するウタ】

ウマシ　タカカム　アシカビヒコ
トコロ　チマタ　ノ　トキ　オカシ
（カタカムナ　ウタ　第8首）

【大要】

アマノミナカヌシの働きによるタカミムスヒ・カムミムスヒによって潜象・現象は、アシ（タテに伸び）カヒ（横に広がる）ようにヒコ（ヒの重合が繰り返され）ます。

「トコロチマタ」は、アマの膨張性により、カムミがソコ、ソコとトコロ（マ）を求めてコ（繰り返し）、チマタ（あちらこちら）に、マ（場所）がタ（独立）します。
そして「トキオカシ」は、そのマにト（重合）とキ（発生）がオ（立体的に）にカ（神の力）がシ（示され）て結球します。アマの収縮性によってオカシ（結球性）が生まれるのです。こうして、チマタ（様々な箇所）に現象が生みだされます。

イ）アメノトコタチ
アメ（始元量）がノ（変遷）していくのは、トコタチ（互換重合を繰り返す性質）によります。

これだけでは難しいと思いますが、次に示す第9首とあわせると、重複しますが理解できるでしょう。

アメノトコタチ　クニトコタチ
アメクニカ　ソコソギタチ　カタカムナ
マノ　トキトコロ　トコタチ

（カタカムナ　ウタ　第9首）

【大要】

◉アメノ　トコタチ
アメ（マリ、始元量）がノ（変遷）していくのは、トコタチ（互換重合を繰り返すタチ）によります。

◉クニトコタチ
アメが変遷してクニが発生します。クニ（自由に定着されてマトマリのあるもの）もトコタチを繰り返して変遷します。

◉アメ　クニカ
そのアメとクニの持つカ（力）には、

◉ソコタチ
そこへ、そこへというように、カの力がソトに広がる（拡散性）があります。ソコの力は波状、渦状に流動し遠心的な力となり、チマタ（数多のマに独立して）トコロを発生します。これを、タカミムスヒといいます。

●ソギタチ

ソコにソギ（発生する）ソギタチは、球心的に凝集する性質のこと。カは濃縮してアマナ、ミクマリなどと呼ばれる力になります。これをカムミムスヒといいます。

●カタカムナ

アマナに凝集した力を、カタカムナといいます。

●マノ　トキトコロ　トコタチ

マでノ（変遷）に関して「トコロチマタシ」という言葉があります。カムミがソコ、ソコとトコロを求めて膨張していき、チマタ（あちらこちら）にトコロ（重合を繰り返すマ）をシ（示し）ます。

「トキオカシ」という言葉があります。トコロが決まれば、そこにトコタチ（重合を繰り返す性質）でト（重合）キ（発生）して、オ（立体的に）にカ（マリ、アマ）がシ（示され）ます。

全ての物が発生して存在するのは、トキ、トコロのマリの働きがあります。そして、トキとトコロのマリは互いにトコタチ（互換重合を繰り返すタチ）があります。

※あらゆるものに、膨張と収縮、粒子と波動、エネルギーと物質、時間と空間のような正と反の性質が現れますが、これもアマの本来性であるソコ、ソギ、トコタチを受け継いだトキ・トコロのマリのフタスガタゆえなのです。

七代の神の大御業

ヒ	国《くに》之《の》常立《とこたち》の神	クニトコタチ
フ	豊雲《とよくも》野《の》の神	トヨクモヌ
ミ	宇《う》比《ひ》地《ぢ》邇《に》の神　妹《いも》須《す》比《ひ》智《ち》邇《に》の神	ウヒチニ　スヒチニ
ヨ	角杙《つのぐひ》の神　妹活杙《いもいくぐひ》の神	ツヌクヒ　イククヒ
イ	意《お》富《ほ》斗《と》能《の》地《ぢ》の神　妹《いも》大《おほ》斗《と》乃《の》弁《べ》の神	オホトノチ　オホトノヘ
ム	於《お》母《も》陀《だ》流《る》の神　妹《いも》阿《あ》夜《や》訶《か》志《し》古《こ》泥《ね》の神	オモダル　アヤカシコネ
ナ	伊《い》耶《ざ》那《な》岐《ぎ》の神　妹《いも》伊《い》耶《ざ》那《な》美《み》の神	イサナギ　イサナミ

続いて七代の神について。『古事記』には次のようにあります。

「次になりませる神の名は国之常立《くにのとこたち》の神。次に、豊雲野《とよくもの》の神。
……次に成りませる神の名は、宇比地邇《うひぢに》の神。次に、妹須比智邇《いもすひちに》の神。
次に、角杙《つのぐひ》の神。次に、妹活杙《いもいくぐひ》の神。
次に、意富斗能地《おほとのぢ》の神。次に、妹大斗乃弁《いもおほとのべ》の神。
次に、於母陀流《おもだる》の神。次に、妹阿夜訶志古泥《いもあやかしこね》の神。
次に、伊耶那岐《いざなぎ》の神。次に、妹伊耶那美《いもいざなみ》の神。
上の件の国之常立《くにのとこたち》の神より下、伊耶那美《いざなみ》の神より前を、あわせて神代七代といふ」

これらの神々は、カタカムナ　ウタでは次のようになります。

カタカムナ　ウタにみる七代の神の御働き

ヒ）クニトコタチ

クニとは、自由に定着されてマトマリのあるもののこと。原子も分子も、細胞も、個体も、国もクニなのです。トコタチとは、フトマニ（正反対向重合発生）を繰り返す性質のこと。私たちの生命が続くのは、トコタチ（重合を繰り返す性質）によってフトマニが繰り返されるからです。

フトマニの度に、「カ」が給与されます。給与されたカ（ヤタノカ）はアマノミナカヌシ（ミスマルノタマ）に重合されます。

アマノミナカヌシは、タカミムスビ（ミノシロを発生）とカムミムスビ（イキココロを発生）してマカタマ（マとカで独立したマ）に給与することで体が移り変わり、イノチが続いていきます。

このようにして、アメはヒフミヨイムナヤコトと変遷、分化してクニ（自由に定着してマトマリのあるもの）が発生し、そして還元します。それを持続させる働きから、トコタチには恒常性質といった意味もあるのです。

フ）トヨクモヌ

クニ（現象）に統合されると、トヨ（四相性）を持ちます。ク（自由な）モ（四相性）を、ヌ（潜象界）からモ（引き継いで）います。

トヨクモヌとウヒチニの由来のウタを次に示します。

トヨクモヌ　フツサカルツミ　フトナシメシウタ　マリタバネ
カブシウキフヌ　メグルマリ　ウヒチニ　ホロシ　カタカムナ
タカマカムスビヌシ　イモイククヒ　カミワクサトリ
（カタカムナ　ウタ　第30首）

【大要】

フツサカルツミとは、フ（増え、成長していく）ツ（個々）は、ソツフツと潜象から現象へ吹き出すように、サ（カムを量として持つ）カがル（存在している）のが、ツミ（個々の粒子）なのです。

フトナシメシウタとは、フ（二つ）のト（重合）のナ（くり返し）、つまりアマナとカムナの重合によって、ウ（潜象の界面）からタ（発生）がシメシ（示される）ことです。

そしてマリタバネ、つまりマリ（発生した粒子）をタバネ（束ね）ます。そしてカブシ（原子の外核電子）やウキフヌ（原子の核子）は、現象ではなくウヒ（潜象過渡）のチ（状態）にニ（とどまっている）ホロシ（発生物）なのですが、それもカタカムナ（アマナ）が生み出します。カタカムナはタカ（現象）とマカ（潜象）をムスビ（結び発生）させるヌシです。

イ（イノチ）にモ（藻のように伴って）イ（生きるため）のク（自由）なヒ（活動力）を打ちこむ。それはイ（生きる）カツ（活力）なのです。

それらはカミの働きであり、私たちは、カミ（カとミ）によってワクムスヒ（神のチカラをワケられてワクを結び発生している）というサトリです。つまり、発生した万象万物には「カミヤドル」のです。そのヤドルものを、アマノミナカヌシといったり、タマシヒ（タマとして示される潜象のもの）というのです。

ミ）ウヒチニ　スヒチニ

ウヒチニは潜象過渡の状態で留まっていること。スイチニはス（直接）にヒからチ（持続）してニ（出る）ということです。カの親和重合によってスヒ（真っ直ぐ）にヒ（根源）からチ（持続的）にニ（定着）させて、生命は変遷します。

神代3代から神代7代までは、次のウタに由来します。稗田阿礼《ひえだのあれ》（『古事記』編纂者）は、カタカムナ文字が正確に読めたのですね。

スヒチニ　ツヌクヒ　イモ　イククヒ　オホトノチ　イモ　オホトノヘ
オモダル　イモ　アヤ　カシ　コネ　イサナミ　イサナギ
トヨ　カブ　シヌ　ウキ　フヌ　マカ　ハコ　クニ
（カタカムナ　ウタ　第13首）

ヨ）ツヌクヒ　イモ　イククヒ

スヒチニの際には、ツ（個々）にヌ（目に見えぬ）クヒ（自由の根拠）が与えられます。自由の根拠とは、イ（現象）にモ（伴って）イク（生命を保つための）クヒ（自由に変遷できる根拠）が給与されることです。

つまり、マリ（極微粒子）は単なる素材ではなく、イキココロをもって成長しますから、マリはもう生命そのものといって良いのでしょう。我々の生命や性質のサズカリも、現在の運命も、根源的に見ればスヒチニ　ツヌクヒ　イモ　イククヒなのです。

イ）オホトノチ　イモ　オホトノヘ

そこにはオ（六方環境）のホ（正反親和）のト（重合）のノ（変遷）のチ（持続）と、イモ（現象に模して）オ（六方環境）のホ（正反親和）のト（重合）のノ（変遷）のヘ（方向性）が秘められているからです。オキツカヒベラと同じ意味合いを持っています。

ム）オモダル　イモ　アヤカシコネ

オモダルとは、ウキフヌ（アマナ核）の質量のことをいいます。オホトノチ　イモオホトノヘが持続すれば、ヤタノカ（ヤまで達しうる力）をオモダル（質量、ただし潜象）として持つことになります。オモダルが増えると、体が充実します。それは、生滅のサイクルが盛んになるということです。

イモ　アヤカシコネとは、イ（現象）にモ（模して）アヤ（潜象過渡）でカシコ（畏《かしこ》く働く）ネ（根源）のこと。それはもちろん、アマノミナカヌシのことです。

ナ）イサナギ　イサナミ

アマノミナカヌシには、イサナミ（波動性）とイサナギ（粒子性）も現れます。それはアマのソコソギタチを受け継ぐからです。それに伴って、タカミムスヒ（ソコタチ）カムミムスヒ（ソギタチ）も発生しますが、ミツゴナミ（生命波動、氣）も発生します。

第13首の後半にある、トヨ　カブ　シヌ　ウキ　フヌ　マカ　ハコ　クニに関しても、多少重複しますが記しておきます。

●トヨ　カブシヌ

トヨ（正反重合して四相性）を持ったカブ（力が増えて）、カシコネ（アマナ、核）に、トヨ（豊かに）カブ（かぶさるように）シ（示されている）ヌ（潜態のもの）。これを楢崎は「原子の外殻電子」と訳しました。

●ウキフヌ

トヨ（正反重合して四相性）を持ったウキ（カから発生して）フ（増えた）ヌ（潜態のもの）。楢崎は「原子核の陽子・中性子といった核子に相当する」と訳しました。

◉マカハコクニ

マとカのハ（正反）にコ（繰り返し）て、ク（自由に）ニ（構成されたもの）。これを楢崎は「原子、分子」と訳しました。

このようにカタカムナ人は、生命の発生と生命活動の物理を巨察と微視の限りを尽くして感受していました。マカハコクニ（原子）の内容は、ミツゴ（イカツミ、マクミ、カラミの3素量）です。このミツゴの量と組み合わせによって、モコロ（原子を構成する粒子）の種類ができ上がります。

原子を形成するモコロの内実は生命質と物質で異なる

一つのモコロ（イカツミ、マクミ、カラミの3素量で構造される物質と生命質の基礎となる潜象粒子）内には、オホ（立体的）にタテ、ヨコ、ナナメの8軸が回転しており、その軸上にミツゴの正反が配列されています。モコロの構造は、物質系と生命質系とでは異なります。

物質系モコロは、オキミツゴ　ツクシシマ　アハヂノホノサワケ、すなわち1軸上に3個ずつ配列したミツゴが、生滅を続けながら、順次8軸を移動している相と解きました。生命質系モコロは、ヤヘモコロ　オホヤシマ、すなわち8軸上に3個1組となったミツゴが同期に生滅を繰り返しながら、さらに、8軸が同期に回転を続けている相）と楢崎は解きました（『相似象』3号81頁）。

物質よりも生命質系の原子のほうが、より精妙なモコロによってできているようです。そこで生命質の体内では、ミトロカヘシ（原子転換）が行われることも可能になるのです。カタカムナ人の直感力は想像を絶するものです。

マカタマはカム（父）とアマ（母）から生まれた

生命は、ヤタ（発生の条件が揃えば）発生します。現象でフト（止反対向）が行われれば、潜象でも、マとカのフトマニが行われます。

マとカをイメージしてみましょう。無限の大きさのカム界の中で、極微のカが渦になってタ（独立）することをカタといいます。カタ（カが独立するところ）をマといいます。

カとマが関わって、アワ回りの渦とサヌキ回りの二つの渦がフト（二つが統合）して、マニ（マに定着）します。マとカが関わってでき上がったタマ（独立したマ）の極微粒子ですから、マカタマとかフトタマといいます。このマカタマが育っていくのですが、その順序をヒフミヨイムナヤで表します。

育つためのイキココロが給与されることをカムウツシといいます。マカタマは、カムという父親とアマという母親から生まれました。マカタマがノ（変遷、成長）していくと、その中心部に、ミスマルノタマの状態のアマノミナカヌシが現れます。

ミスマルのタマはミのス（透けた）マルノ（潜象の）タマ。言い方を換えれば、ミノシロ（生命体）の内にタマシヒ（潜象）のままこもっているイキココロ（生命力）のことで、これを、カタカムナ（カから夕したカムナ）とか、アマナ、アマノミナカヌシとも呼びます。

第4章

宇宙に結ばれる武

現代のサヌキ社会は修羅道

人には願いがあります。しかし、願わないほうが良いこともあります。

「先日私が見ました夢についてお話致しましょう。私が修羅道において、負けてはならぬ、日本一にならなければならぬとあせっておりました。ハッと氣がついて自分の姿を見ると、実にみすぼらしく、顔の顔相にも青筋が立ち、自分の体には少しも光がありませんでした」（『合氣神髄』48頁）

現代社会はまさにこの「負けてはならぬ、日本一にならなければならぬ」といった競争のあせりの社会です。こうした類《たぐい》について願掛けをしても良いことは起こりません。頂点に立つと賞賛される現代社会ですが、これは外国文化であって、何万年と続く日本文化のあり方ではないからです。競争に勝っても平安は訪れません。神人一体になってこそ平安を味わうことができるのです。

「人間の姿の中に全大宇宙を見出し、帰一表現、すなわち和と統一への道の原理を悟らなければならない。帰一表現、和と統一こそ、宇宙が示したまわれた貴い大原理、大原則である。真に和と統一する宇宙の心を実現する、この合氣道も全大宇宙を和と統一に結ぶ一つの大道である」（『合氣神髄』43頁）

「頂点に立ちたい」という思いは、和や統一とは正反対です。細胞のあり方に習ってみると、真にイキツチノワ（和と統一）です。何十兆もの細胞たちは、どうして和と統一の中にあるのでしょうか。脳（サヌキ、現象）が身体を統制しているのではありません。そこには、現象を変遷させていく潜象の働きがあります。全体を調和させるアマノミナカヌシの神が存在するからです。

日本の武道は全てを和合させ世を栄えさせる競争

「我が国には、本来西洋のようなスポーツというものはない。日本の武道がスポーツとなって盛んになった、と喜んでいる人がいるが、日本の武道を知らぬも甚だしいものであ

る。スポーツとは、遊技であり遊戯である。魂の抜けた遊技である。魄《けく》（肉体）のみの競いであり、魂の競いではない。つまりざれごとの競争である。日本の武道とは、全てを和合させ守護する、そしてこの世を栄えさせる愛の実行の競争なのである」（『武産合氣』50頁）

これを読むと、合氣道は戦争の歴史が続く外国では決して生まれるはずがないものです。合氣は文字通り氣を合わせていただくことです。それには、良い氣（楽しんでいる、優しい氣）を発生して、相手に合わせていただくことなのです。

そして合氣は万有愛護、和合の精神でなければなりません。魄《はく》（肉体）の闘いにおいては、細胞を最大限に働かせて奴隷のように扱いますから、マノスベ（自然の秩序に沿ったあり方）ではないのです。

魄《はく》と魂《こん》の二つの岩戸開きをする

「三千世界一度に開く梅の花二度の岩戸は開かれにけり」（『合氣神髄』190頁）

岩戸開きとは、天照大御神《あまてらすおおみかみ》が石屋戸《いわやと》にお籠もりになり、世の中が暗闇の世界となったときに、神々が協力して岩戸開きをして、明るい世界に戻ったというお話です。私たちもそれに習って、明るい日本文化を再び起こすのが二度目の岩戸開きです。

「現代は物質、魄の世界である。しかし魂の花が咲き、魂の実を結べば、世界は変わる。いまや精神が上に現れようとしている。精神が表に立たねばこの世はだめである。物質の花がいまや開いているが、その上に魂の花、魂の実を結べばもっとよい世界が生まれる」（『合氣神髄』13頁）

魂とはカミ感覚、動物的感覚、感受性のこと。魂と魄の二つの花が咲くとは、アワ（潜象）とサヌキ（現象）の二つをバランス良く開花させることでしょう。この二つは常に重なり、入れ替わり、変遷していくもので、両方共に大切です。

しかし、現在はサヌキ（現象重視）に偏りすぎています。そこで、アワ（潜象の働き）も重視して、精神を活性化し、バランスを取ることで良い世界が生まれるのです。そこに滞《たまり》なき想念のあり方が大切になるのです。

攻める氣持ちが出ると合氣の氣は発生しない

「勝負を争うのではありません。勝負は非常に危険性があります。喧嘩《けんか》争い、戦争を、この地球上から無くするのです。和合の技であります」（『合氣神髄』24頁）

こちらから攻める氣持ちが出ると、合氣の氣は発生しません。全ては和合の氣持ちによって発生するからです。

何度か実験したことがあります。取りがマノスベの姿勢で立ち、氣を入れて受けとムカヒ（対向）をして空の状態になると、攻めようとする受けは取りのマに入れなくなります。「隙がない」あるいは「攻める氣持ちが削がれてしまう」といった感想をいただきます。

また、こんなこともありました。ある人が走って私にぶつかりましたが、転んだのはその人でした。「壁にぶつかったように感じました」と言っていましたが、私には激しくぶつかられた感覚がないのです。このときは神の応援があったとしか思えません。常識の世界ではあり得ないことですが、カム（潜象）の世界では奇妙な現象が現れることも不思議ではないのです。

日本人は勝っても誇らぬ人を好みます。オリンピックやスポーツだけでなく、現在はあらゆることに頂点を目指すのが良いと思われています。勝ち組、負け組などと分ける人がいるのも、渡来文化の影響でしょう。今、世の中は常識で考えるとがんじがらめです。むしろ常識を外すことで世の中がガランとひっくり返るかもしれません。

合氣は筋力を使わずに遠達性の力を使う

日本人の心身の強さは、日常の中にヒントがあります。いかにして体と心を精妙に扱えるかです。そのためには、体の様々なところでしっかりと感受性が働いていなければなりません。これは、スポーツの筋力を鍛える動き方や精神のあり方とは真逆のところにあります。

スポーツは筋力を鍛えて、人よりも速く、強く、高くといったトレーニングをします。しかし江戸時代までの人々は、現代人のように筋トレや、ランニングでタイムを競うような激しい体の鍛え方はしませんでした。

「神の働きを現す」とか「武を産む」ことは、筋肉を鍛えることではありません。精妙に感受性を鍛えて身心を扱うことなのです。

私は、魂の合氣を始めた頃、どうすれば筋力を使わずに腕を持ち上げることができるだろうかと考えたことがありました。そもそも腕の筋肉を使ったら合氣はできません。筋肉とは違う次元の力を使うことに氣がついていたからです。しかし、筋力を使わないで上げる方法は、なかなか知り得ませんでした。

ある日、湯船の中に腕を浮かせておいて、重いと思うと腕が沈み、軽いと思うと浮き上がることを発見しました。そうか、思いで上げれば良いのかと氣がつきました。

そこで、腕は無意識に無造作に上げるのではなく、「浮いていく」といった思いで丁寧に上げるのです。肘関節を支点にしないで、肩関節から動かします。上腕の筋肉を使わないためです。こうして上げた腕には、力が入っていません。この腕を「浮く手」と名付けました。

左右に動かすときも、この「浮く手」のまま、力を使わないように丁寧に動かします。「浮く手」ができると、腕を掴んだ受けはふらふらとしてしまい、バランスが取れません。そうなれば受けは、自分から転がってしまうのです。このような腕が合氣には欠かせないのです。「浮く手」は、マノスベの姿勢で立てれば自ずとできることもわかりました。

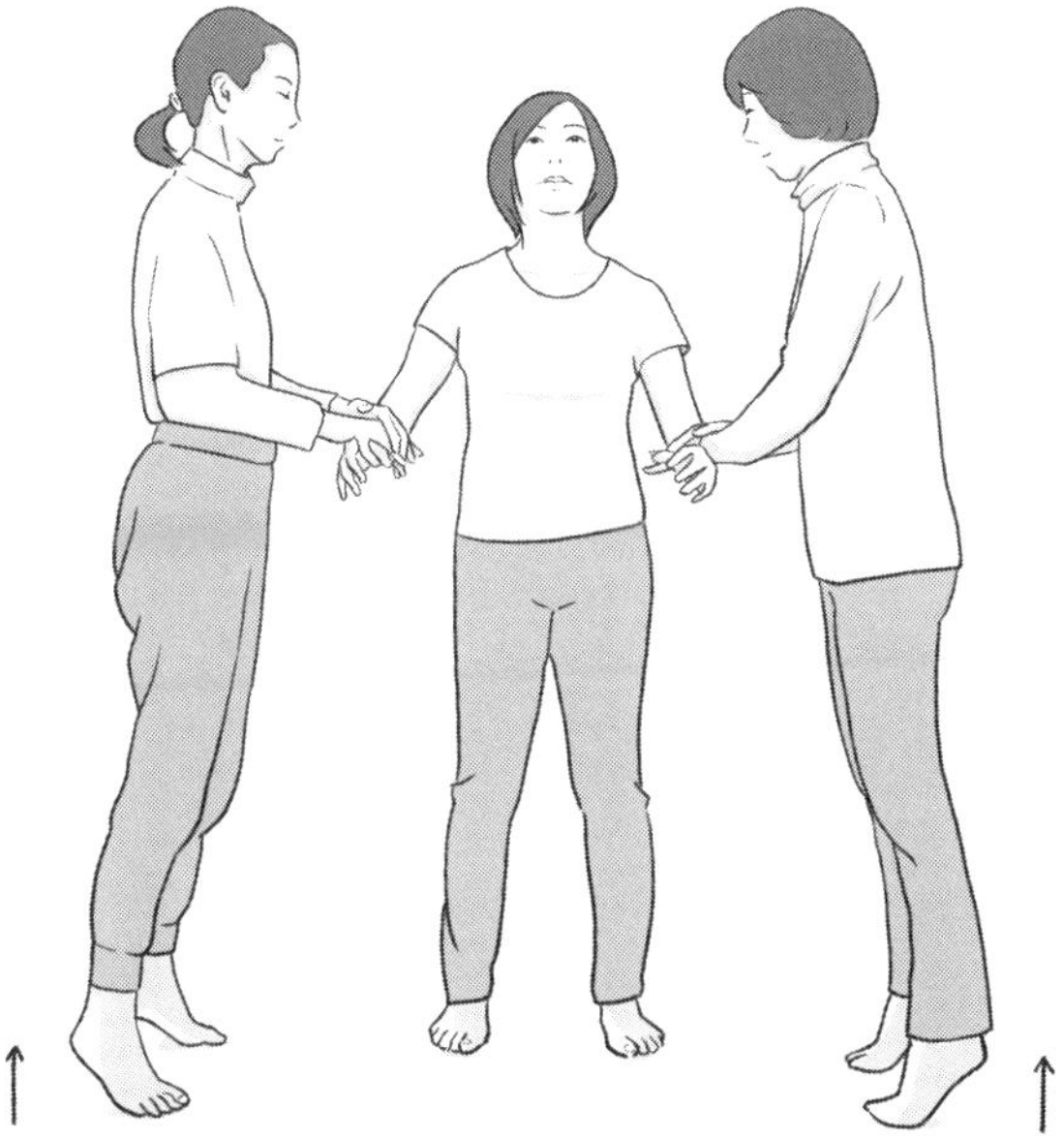

後ろ重心のマノスベの姿勢なら、軽く前に出した両手を（二人掛かりで）上から下に押されても、「浮く手」で逆に相手の体ごと浮かせてしまう。

腕には微塵も力が入っていないことを、次の方法で試してみましょう。

後ろ重心のマノスベの姿勢で立って、両手をお腹ぐらいの高さに「浮く手」で上げます。前に立った受けが、この両腕を下ろそうと力を入れても下がりません。あるいは両腕を掴むと、自ずと踵が浮かされることでしょう。

筋力を使わないで現れる力とは何でしょう。実はそれが氣の力であり、ミツゴナミ（生命波動）の力なのです。筋力のような力を近達性の力といいますが、それに対してこのような力を遠達性の力といいます。

遠達性の力は神の力

引力には引く力だけではなく、斥力《せきりょく》（反発力）も伴っています。この引力が遠達性の力であることを、太陽系を例にお話しします。

太陽を中心にして、水星、金星、地球、火星、木星、土星、天王星、海王星といった惑星がそれぞれの軌道を保っていられるのは、太陽や惑星間に働く引力がアマ・カム（神）によって一瞬一瞬、コントロールされているからです。

もしも太陽や惑星の引力が一定のままであれば、惑星同士が近づいた際には、極端な話、両者の引力が強まって衝突にもなりかねません。あるいは軌道が太陽に近づいたときに、太陽に引き込まれるかもしれません。それが何十億年と安定していられるのは、惑星の位置に応じて引力がイマイマに調整されているからです。

その力は瞬時に伝わります。光速では遅すぎます。アマハヤミ（超光速）で、一瞬のうちに各星々に伝わるのです。このようなことは、無限の力の存在を認めなければ理解できないでしょう。これがアマ・カムの力、神の力なのです。

星には遠達性の力（引力）以外に、近達性の力（重力）もあります。人にもまた遠達性の力（氣、生命波動、神の力）と近達性の力（筋力、重力）があります。

これらは、環境に応じて一瞬一瞬に変わります。近達性の力である筋力も同じです。病氣になれば力は出ませんし、元氣なときには強い力が出ます。昔の日本人は、様々な条件に恵まれていましたから、現代人の2倍、3倍もの力が出せたのです。

遠達性の力を使うには、筋力を鍛えるのではなく、ミを入れた動きを心掛けることです。筋力しか使わないスポーツの常識を忘れることです。

合氣道は形はない魂の学び

「合氣道は形はない。形はなく、全て魂の学びである。すべて形にとらわれてはいけない。それは微妙な動きが出来なくなるからである。合氣道は魂の氣の洗濯が一番」（『合氣神髄』17頁）

合氣道に形はないというのは、形で動けば筋力を使うからです。動き方を覚えるのではなく、体の内部の平安さを感じることです。サヌキ性の筋力を使うのではなく遠達性のアワ（潜象）の力、魂の力を使います。

合氣道はムカヒ（向かいあったとき）が大切になります。このときの取りの精神性、アワ性、ミが入っているかどうか、丁寧さによって結果は決まってしまうのです。取りの状態は受けの細胞のココロが感じとってしまいますから、良ければ共鳴が生じて、その通りの結果が生まれます。

これが「魂の学び」になります。つまり、魂のあり方で結果が変わるからです。極端な話、良いほうに意識が向けば、良い結果が生まれますし、悪い方向に意識が向けば悪い結果が生まれます。日常においても同じで、だめだと思わないことが大切です。良いほうに意識が向いていれば、そのように体も周りも潜象（神の力）も良いほうに変化するからです。

魂の合氣の実例

「合氣道は魂の氣の洗濯が一番」とありましたが、私の行っている魂の合氣を例にお話しします。

取りは受けを動かそうか転がそうかというときに、マノスベの状態ができていれば、結果が感受できるのです。

例えば、仰向けに寝ている受けを起こすときに、取りは受けの横に座って首筋に掌を当てます。そして取りはカタカムナの言葉を一つ唱えます。すると、取りも受けも自身の状態が変化するのを感じます。取りが掌を上げる前に、これなら起き上がるとわかってしまうのです。これが「未来を今に引き寄せる」ということでしょう。

カタカムナの言葉は言魂（神の教え）ですから、体の中の状態を変えて、これが正しいと教えてくれるのです。この状態を感受する感受性も鍛えましょう。

受けの感受性が優れていれば、取りは掌を首筋に当てなくても起こすことができます。受けの傍に座って、カタカムナの言葉を唱えても受けは起き上がります。カタカムナの言魂を唱えたときのように、取りが自身の体の感覚を変化させることができれば、受けにも

カタカムナの言葉を唱えれば、受け手の首元に軽く掌を当てるだけで起き上がらせることができるが、さらに受け手の感受性が高い場合、触れずに起こすこともできる。

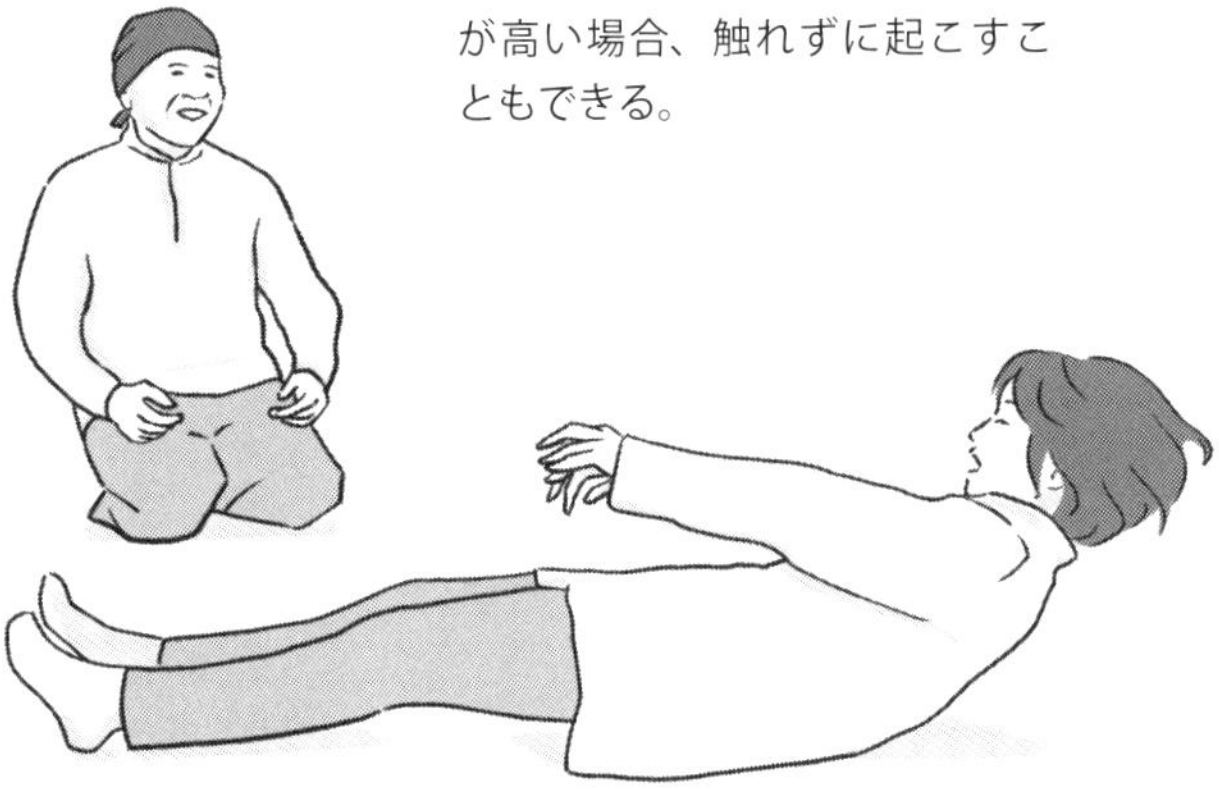

その変化が伝わって受けは起き上がります。

遠達性の力で起き上がれた受けは、「自分は腹筋を使って起き上がれません。それなのに何で起き上がれてしまうのでしょう」と不思議がっていました。受けと接触して受けを動かす場合にも、受けから離れて動かす場合にも、近達性の力（筋力）は使いません。遠達性の力（神の力）を使います。

遠達性の力を使うその他の例

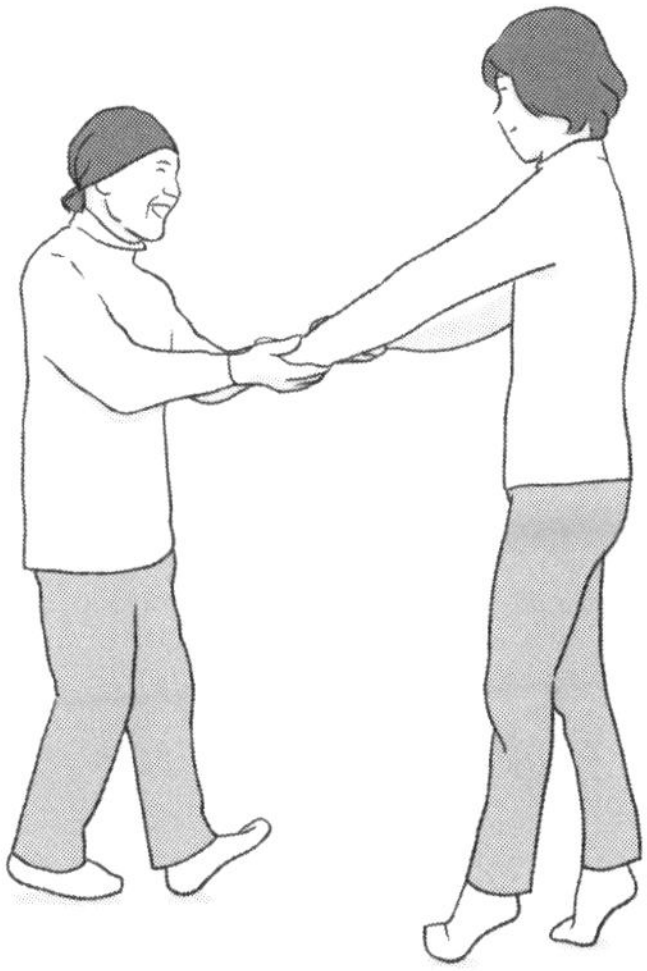

両掌の上に受けの人（イラスト右）の両掌を乗せてもらい、取りの人が後ろに歩くと、受けは自然とついてくる。

ヒ）初心者に最初に行ってもらうやり方です。立って両手を出して、その両掌の上に両掌を乗せてもらいます。そのまま取りが後ろに歩くと、手が離れずに受けはついてきます。

フ）ヒと同じ要領ですが、今度は、受けとの掌の間を大きく離します。取りが後ろに歩くと、受けは磁石で繋がっているかのようについてきます。さらにずっと離れても同じです。取りの動きに乗って、受けが動きます。

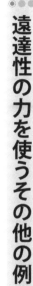

取り（イラスト左）と受け（イラスト右）の掌が大きく離れていても、取りが後ろに歩くと受けはついてくる。

ミ）両者とも腕を下ろして、取りが後ろへ歩きます。それでも受けは引かれるようについてきます。取りは自身の体の感覚を覚えて、その感覚を再現するのです。これは、細胞と細胞の共鳴です。

「ここまでできるのに、どのくらいかかりますか？」と聞く人がいますが、期間ではありません。大事なのは、体が柔らかく思考が柔らかいこと。それと意識のあり方です。これらの条件が満たされれば、すぐに取りでも受けでもできるようになります。満たされなければできないでしょう。

ヨ）立っている受けの横に立って、受けの

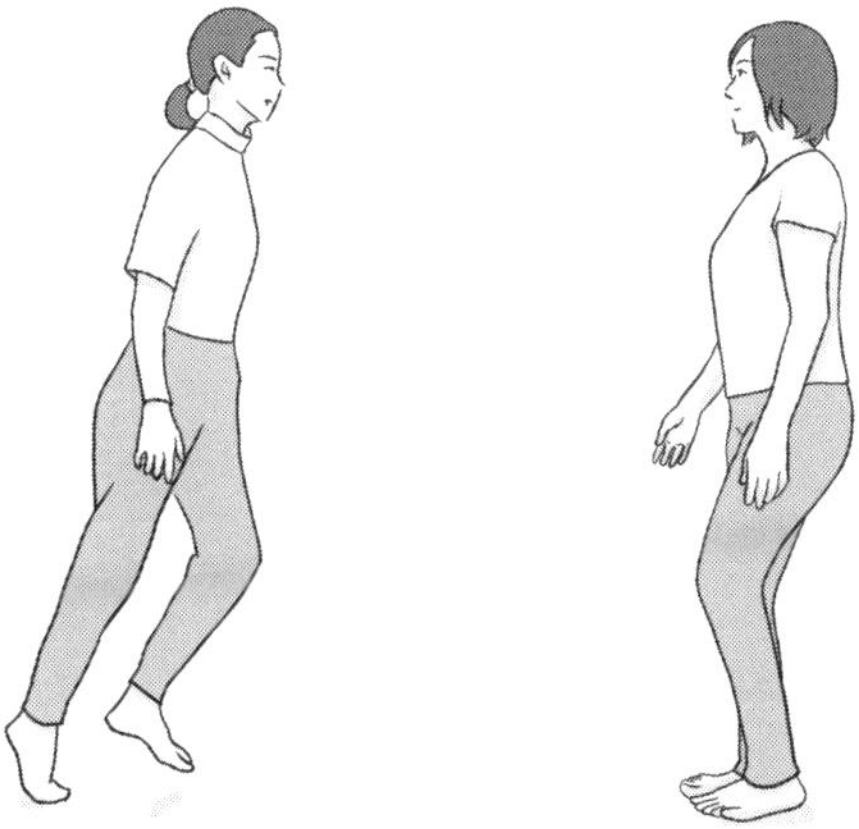

お互いに両手を下ろした状態でも、取り（イラスト右）が後ろに歩くと受け（イラスト左）は引かれるようについてくる。

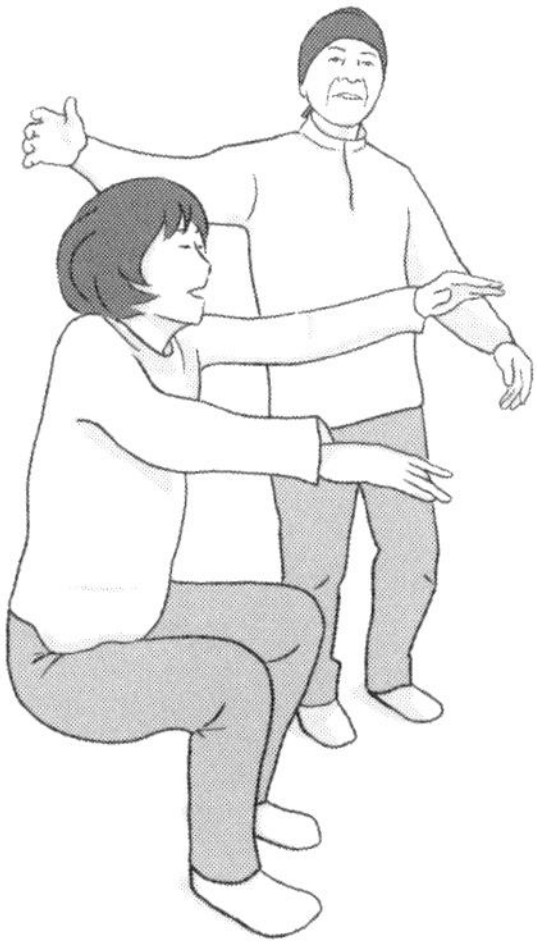

受けの背中付近に手を出し、フワッと下ろすと、受けは後ろに崩れる。

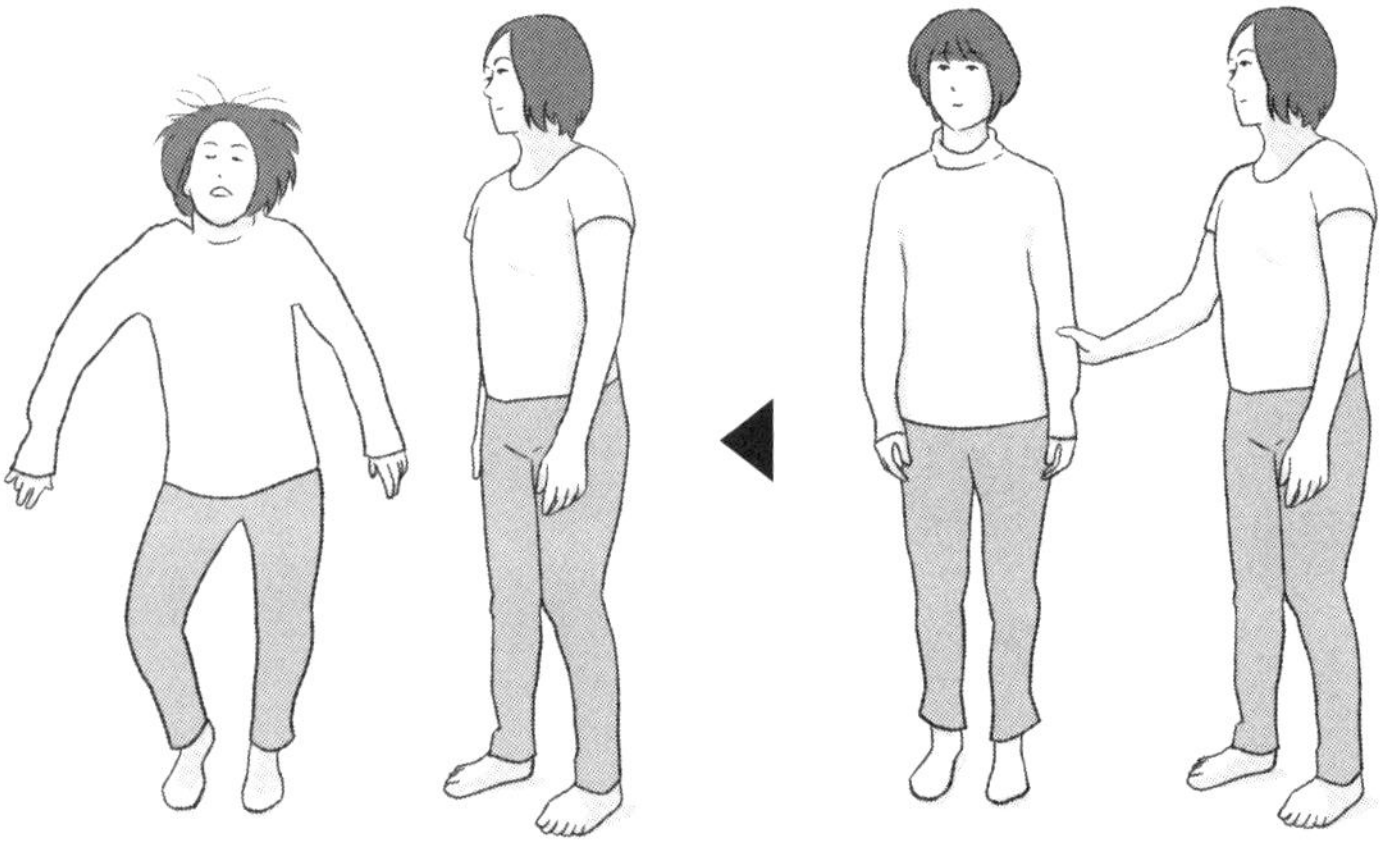

腕を掴まれた受け（イラスト左）は、そっと腕を離されるとその場に崩れる。

背中に片手（掌は背中に向けても下に向けても構いません）を胸の高さほどに上げます。それを力を入れずにフワッと下ろします。すると、受けは後ろに崩れます。

イ）受けの左腕を、取りは右手で掴みます。そして手をそっと離せば、受けはその場に崩れます。受けの感受性が上がれば、すぐにもできることです。手を離すだけで、どうして受けは崩れてしまうのでしょうか。細胞同士の共鳴です。共鳴して転がることが心地良いので、受けは転ぶと笑いが生じます。これを何度も行っていると、受けの体はどんどんと柔らかくなります。

さらには、取り（イラスト右）が身体を動かさず何も考えていないのに、受けが転がる。

ム）さらに深くなると、腕も身体も動かさない、何も考えていないのに受けが転がります。こうなるとなぜ転んだのか、見当がつかないこともあります。

魂の合氣は、体と思考を柔らかくすること、感受性を身に付けることが大切です。こうして遠達性の力を使うことで、現代のスポーツとは全く違ったものになります。魂の合氣は、闘いに強くなるものではありません。頑張るのではなく、緩む遊びといったら良いでしょう。

日本は古より真人《まひと》の真国《まことのくに》

荒深道斉《あらふかみちなり》は戦前の神道家ですが、彼は昭和6年以後に約20回に亘《わた》って、六甲山の山頂及び山麓を探査して、数多《あまた》の神跡及び古跡を発見しました。そしてついに、**「少なくとも一万三千年前の吾が民族は非常な大文化を有していたことが、巨石建造物の遺跡の発見で解ってきた」**。さらには**「六甲山は古跡の展覧場にて国民の認識を高めしむる八咫鏡《やたのかがみ》である」（『古神道秘訣』八咫鏡173頁）**と書き残しています。

さらに荒深道斉は、次のように記しています。

「人の魂《たま》には下り魂と上り魂とありて、下り魂の人を真霊人《まひと》とし上り魂《たま》を禍霊人《まかひと》となす。人には聖人《ひじり》、常人《つねひと》、愚人《おろかひと》、白痴人《ふぬけひと》の四階級《よきざ》ありて、其内の聖人《ひじり》、常人《つねひと》は真霊人《まひと》にて、愚《おろか》人《ひと》、白痴人《ふぬけひと》は禍霊人《まかひと》という。何時の世にも真霊人《まひと》と禍霊人《まかひと》は半《なか》ばづつ生まれるものなれども、この日本の元津島根は古《いにしへ》より真人《まひと》の真国《まことのくに》なりしが、今は外所世《そとよ》の禍霊人《まかひと》の教え入りし国となり、天地大法事《あまつおほのりごと》を忘るるが故に禍霊人《まかひと》多くなれり」（『古神道秘訣』神之道初学35頁）

日本の文化を知り己を知る上で、この言葉は心に深く残りました。

上り魂を禍霊人としているのは心のあり方ですが、これも納得です。なぜなら、人より抜きん出て上に立とうとする世の中ですから、これを上り魂というのでしょう。氣は下げておくのが良いのです。

天地《あまつ》大法事《おほのりごと》とは修理固成《つくりかためなせ》の大法をいいます。この言葉は『古事記』にあります。天津神の諸々の命《みこと》もちて伊耶那岐《いざなぎ》の命・伊耶那美《いざなみ》の命の二柱の神に、「このただよえる国を修理《をさ》め固め成せ」と詔《みことのり》したとあります。この天命は今に続き、これからも続く大法なのです。これを万有万神の諸々と共に成していくのが私たちに与えられた天命であり、壊してはならないのです。

「これを忘るるが故に禍霊人《まかひと》多くなれり」とありますが、外国の教えに追従することは、禍霊人《まかひと》になりかねません。遠達性のアワの力を使うことは真人を作る道として大事であり、そのために合氣道は神々によって作られたのです。

また、心について**「大空も地球も生きものにて心は必ず有り、然《しか》れどもその体も心も甚《じん》大《だい》にして微小なる人には知るに難きも、甚《はなは》だ強き心あり、又強き力ある事を忘《わす》るべからず」（『古神道秘訣』神之道初学16頁）**と記しています。なるほど、根元であるアマ・カムに心がありますから、アマ・カムの生み出す大空にも地球にも、万象万物にも心があるのが当然なのです。

第5章

日本文化が生み出した日本人の強さ

ミスマルのタマ

『古事記』には、天照大御神《あまてらすおおみかみ》と須佐之男命《すさのおのみこと》との誓約《うけい》で子を産む話があります。このときに、天照大御神の左の角髪《かずら》に巻いた御統《みすまる》の珠《たま》から生まれた男神の第一子が正勝吾勝勝速日《まさかつあかつかつはやひ》の神で、天孫瓊瓊杵尊《てんそんににぎのみこと》の父にあたります。

ミスマルノタマ（ミの透けたマに留まり変遷していくタマ）は、細胞（オホワタツミ）の体内にタマシヒ（根源を示すタマ）として籠《こ》もっています。これがアマノミナカヌシの神です。

自然破壊は精神の公害

先に「天地大法事《あまつおほのりごと》を忘るるが故に禍霊人《まかひと》多くなれり」という荒深の言葉を記しましたが、天地大法事（修理固成《つくりかためなせ》の大法）は森羅万象を正しく産み育てる愛の力であり、天然自然に恵まれた国土に生きる上古の昔（縄文時代）から長い間受け継がれてきた日本人の氣質なのです。

戦前まであった里山もその名残《なごり》です。村人が共同して里山を慈しみ育ててきました。里山には、鎮守の神のお社《やしろ》も造られていました。

しかし今や、大氣汚染、土壌汚染、海洋汚染といった自然破壊が止まりません。公害現象は日本の文化が著しく低下したことを示すものです。科学技術の向上は自然界の破壊であり、人間の生命力を弱めるものでしかありませんでした。

こういったことの元凶は、実は人々の精神面のサヌキ化による公害現象なのです。大多数の人々の欲望を満足させるために、理論や技術の限りを凝らしてきました。人間が作り出したこの公害をどうしたらなくすことができて、生存を全うできるのでしょう。これは切実な問題です。

私たちが天然自然の生命の成り立ちを把握して、自分たちの生き方をマノスベ（自然の秩序に沿ったあり方）に保っていけば、これからも人間の生存を神に許されるのではないでしょうか。しかし、この精神の公害を正す方法については、今の文化では答えが出せません。そこで、そのような状況に警鐘を鳴らすと共に、日本人の本来の生き方を悟らせてくれたのがカタカムナです。

カタカムナ人は天然自然の物理を援用した造語法によって、天然宇宙の諸現象を潜象から根源的、能動的に解いて、その内容を後世に伝えてくれていました。

潜象の世界は、神の働きと考えなければ筋が通りません。なぜならば、潜象の世界では普遍性がありません。一つ一つが異なります。奇妙さも頻繁に生じる世界なのです。ここがまさに神が働く世界の表れです。

モロカゲサチ（諸々のお蔭）という言葉は、天然の環境からも、神からもご加護がいただけることの幸せです。かつて日本人の心身を強くしてきたのは、カタカムナの言葉とそこから生まれた文化でした。カタカムナの言葉には言魂の力がありました。言魂を使っていると、自ずとマノスベの姿勢と精神になってきます。

立って「アマノミナカヌシ」と唱えてみてください。後方に引っ張られるでしょう。神が後方重心の姿勢が正しいと教えるのです。正しい姿勢で、体の力みも心の力みもなくなります。

不思議な力を持つマノスベの姿勢を昔のように多くの人が行えば、各々に様々な奇跡や神妙が現れてきます。これが精神の公害をなくす唯一の方法です。アワ（カの量）が増えてアワ（感受性）も涵養《かんよう》され、神との繋がり、モロカゲサチが増えることも実感できるでしょう。

マノスベの座り方「ミキザ」

カムナガラ　カムミタハチル　タナココロ　ミキザヒザオキ　イツキノリ
アマウツシミチ　イヤミソギ
（カムナガラノミチ　第37句）

「カムナガラノミチ　全１０４句」（『相似象』第５号）は、天孫降臨や神道、仏教、儒教思想よりもはるか昔の上古代より伝えられてきた、日本民族独自の哲学であり文化でした。

【大要】

◉カムナガラ
カタチこそ目に見えない潜象のお話ですが、
※カム（無限界、潜象界）からナ（カが何兆回と）私たちに親和重合して、カ（潜象の働き）をラ（現して）くれます。

●カムミタハチル

カムミ（カムの実質）がタハ（両掌）からチル（持続して放出）されます。

●タナココロ

そんな掌を、

●ミキザヒザオキ

ミキザ座りをして、膝の上に置きます。

●イツキノリ

すると、イ（イカツ）がツ（たくさん）キ（発生）して体にノリ（乗り）ます。

●アマウツシミチ

これが、アマウツシ（生命の給与）ミチ（方法）です。

●イヤミソギ

イカツ（電氣粒子）をヤ（飽和、極限）まで増して、ミ（電氣粒子の実質、イカツミ、マクミ、カラミ、トキ、トコロ）をソ（そこ）にキ（発生）させ、体を高電位にするミソギなのです。

【ミキザとはどんな座り方】

このように素晴らしい座り方ですが、ミキザとしか書かれていません。説明の必要などないほど、普通の座り方だったのでしょう。

ミキザとはミ（カムミ、ミツゴ）をキ（発生）させるザ（座り方）という意味です。ぜひ知りたいものです。平安、鎌倉時代頃まで流行していたのでしょう。立てた両脚を左右に倒した座り方、これを参考にしてミキザの座り方がわかりました。

ヒ）脚を前に出して膝を立てて座り、膝を左右に倒します。このとき、お尻を後方に転がします。すると、肛門が前方にきます。肛門が前にくる（骨盤が後傾する）ことは、立つときも腰掛けるときにも大切なポイントです。

フ）左右に倒した膝は、膝関節で直角になっています。

ミ）両足は踵のきわで合わせて、足裏を直角に開きます。つまりアキレス腱を伸ばします。

ヨ）掌を膝に置き、肘は左右に開いて脇の下を開けます。肩甲骨の下側を寄せます。すると肩が後方に移動しますから、そのまま両肩を下ろします。

古来、日本人の普通の座り方だった「ミキザ」。姿勢が安定し、深い腹式呼吸ができ、雑念も消える。

かつての日本人は、怒《いか》り肩ではありません。撫《な》で肩（なだらかに下がった肩）でした。怒り肩は力みが入った状態です。これではミの発生も少なくなります。撫で肩は、肩甲骨の下側を引き寄せて肩を後ろに引いて下ろした状態で、力みがありませんから、肩凝りにもなりません。

ミキザの座り方は、不思議ですが自ずと深い腹式呼吸になります。そして雑念も湧きません。他の座り方と比べてくだされば、すぐに違いがわかるでしょう。マノスベの姿勢であれば当然なのです。

試しにミキザで座った人を、真横からゆっくり押してみましょう。安定しています。姿勢が安定すれば、精神も安定しますから精神統一も容易くなります。

カタカムナ時代の人々は感受性が良かったので、このようなカムミの発生の多い座り方をしていたことでしょう。ミキザ座りをすると、周囲の人たちにもその優しい氣が感じられます。これは丁寧に、優しく、心を込めて相手に遇することにも通じます。

ちなみに、正座は江戸時代から盛んになりました。相手に失礼のない姿勢ということで盛んになったのでしょう。ただし、正座やあぐらは足背《そくはい》を伸ばしてアキレス腱を縮めてしまいますから、マノスベの姿勢とはいいにくいのです。

現代人は胸式呼吸しかできない人が多いのですが、それは西洋式の姿勢だからです。西洋人は自分たちの姿勢を悪いとはいいません。女性は腰のくびれた姿勢が、女性美を発揮するという思い込みがあって、これに憧れる女性が多いのですが、その姿勢では胸式呼吸になってしまいます。

マノスベの姿勢であれば、息は深く入ります。マノスベの姿勢は、ミツゴナミ（氣、生命波動）が豊富に発生します。氣が十分に発生してこそ、オホトノチ（六方環境からカの親和重合・統合）が生まれるのです。

マノスベの姿勢で発する皆空の氣

「念を去って皆空の氣にかえれば生滅を超越した皆空の御中心に立ちます。これが「武道の奥義」であります」（『合氣神髄』80頁）

念を去ってとは「ひとを呪えば穴二つ」といったことに通じる、自我、我欲の念のことでしょう。念は我欲に結びやすいので、使ってはならないのです。我欲に結んだら精進進歩はありません。空とは、「滞《たまり》なければ穢《きたなき》とはあらじ」とありましたが、雑念が生じないで玉垣（想念）が清浄の状態です。

マノスベの姿勢で立ったときや、ミキザで座ったときには見事に雑念が消えています。このときに発する氣こそ、皆空の氣なのではないでしょうか。

「瞑想や禅定」と「ミを入れる」は真逆の精神統一

ミキザで座ると力みが取れて、呼吸が深くなり雑念が生じません。「瞑想や禅定」と「ミを入れる」のどちらの状態も容易にできます。どちらも精神を統一させますが、本質はあべこべです。

「瞑想、禅定」は、己自身の精神性を高めるために行います。「宇宙即我」とか「梵我一如」といったように、自身の中に氣持ちを置いて集中させますから自己主体になります。

一方「ミを入れる」は、対象と一体となって共に良くありたいといった心ですから、氣持ちは外の対象に置きます。

試しに、感受性の優れた方に前に座っていただいて、この違いを体感してもらいました。すると、瞑想や禅定のときは「冷たい感じがして、中に入りがたい」「バリアが体の周りにできていてる」といった感想です。「ミを入れた」ときは「とても温かく、幸せな感じがする」とのこと。つまり「ミを入れる」が日本人の精神統一のあり方であって、これが日本文化なのです。

アキレス腱を伸ばすことを試してみよう

正座や胡座は、アキレス腱を縮める（足の甲を伸ばす）座り方です。かたやミキザは、

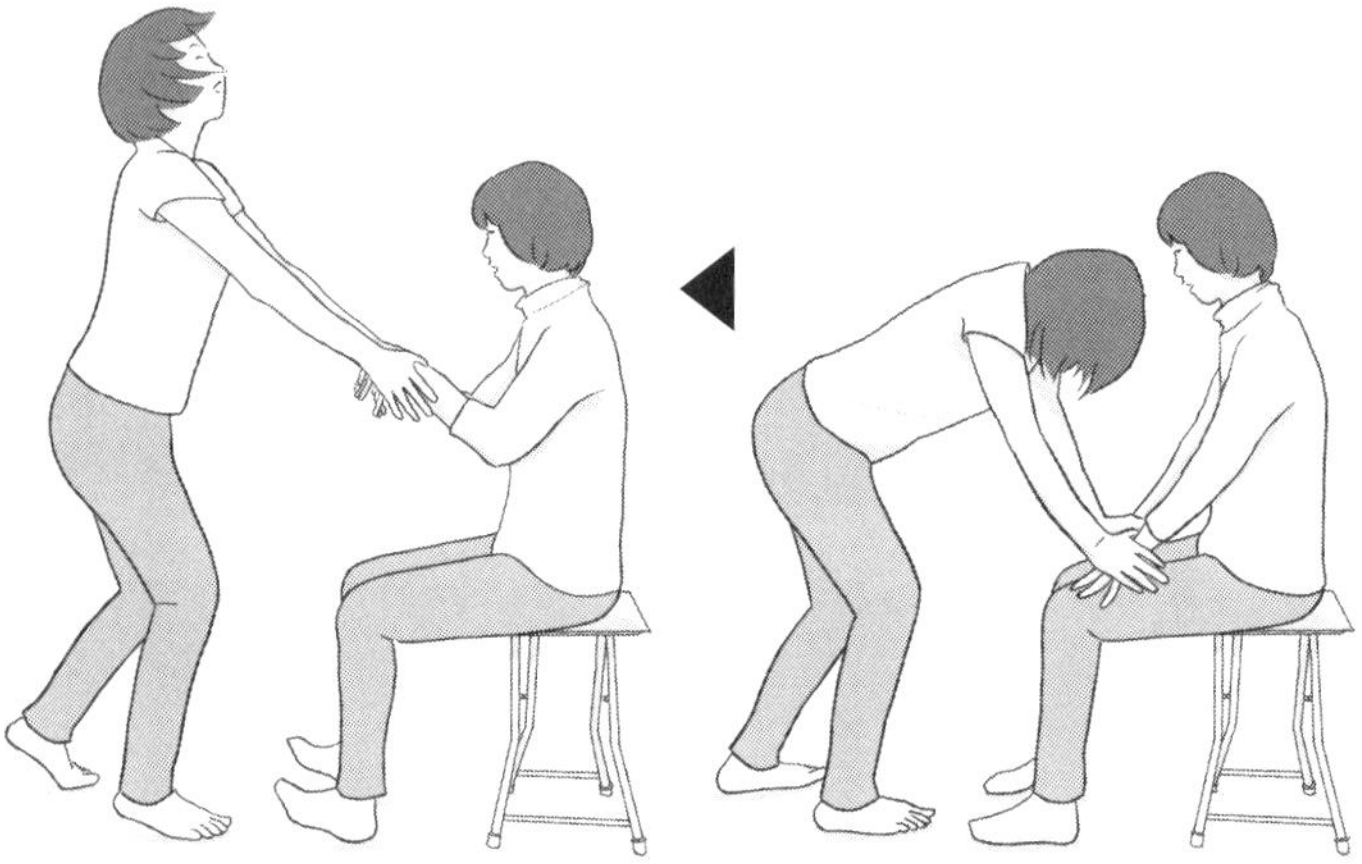

両手を押さえつけられた受け（イラスト右）は、足先が床に着いているとなかなか持ち上がらないが、足先を一杯に上げると上がるようになる。

アキレス腱を伸ばす（足の甲を屈する）座り方です。アキレス腱を伸ばすと、身体の力が増して可動域も広がります。試してみましょう。

ヒ）取りは椅子に座って太股《ふともも》の上に掌を下に向けて置きます。受けは椅子の前に立って、取りの手首の辺りの両腕を掴んで下に押しつけます。取りは両腕を持ち上げてみます。しかし重くて持ち上がらないでしょう。次に踵を着けたまま、アキレス腱を伸ばして足先を一杯に上げてから両腕を持ち上げてみましょう。

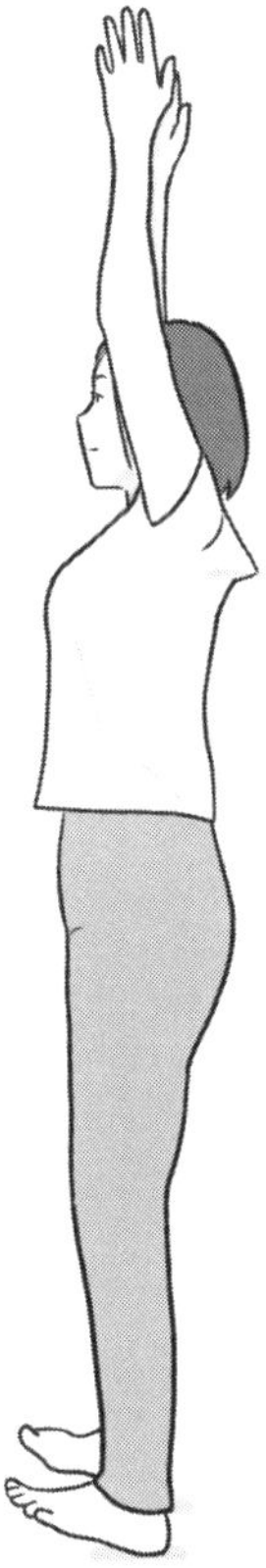

首を横に回す。そこで足先を背屈すると、さらに大きく回る。

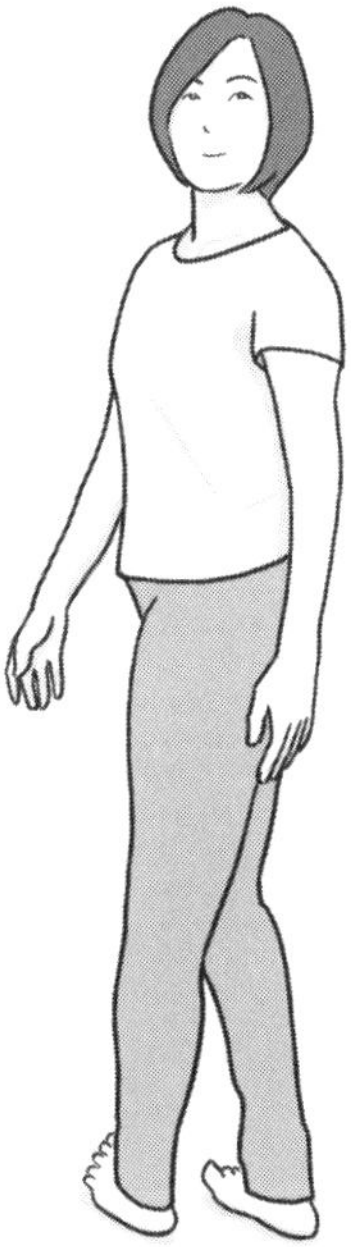

両腕を頭上へ高く伸ばす。そこで足先を背屈すると、さらに伸びる。

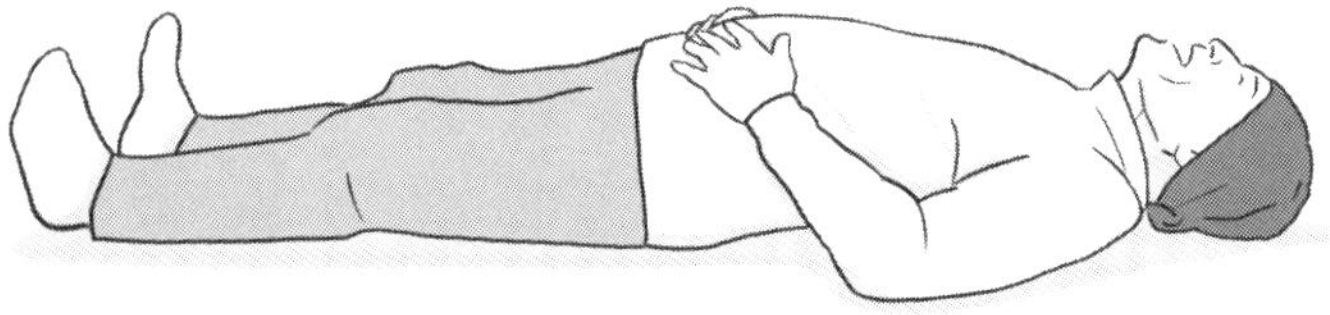

仰向けに寝て、呼吸を観察する。足先を背屈してアキレス腱を伸ばすと、呼吸が深く、長くなる。

力が増しているでしょう。ちなみに両腿《りょうもも》を内側回旋させると良い姿勢になるでしょう。

フ）立っても、腰掛けても、仰向けに寝ても試せます。両腕を頭上のほうに伸ばします。そこでアキレス腱を一杯に伸ばして、足先を背屈させましょう。腕はさらに伸びるでしょう。ふくらはぎが硬いと、足先が少ししか背屈しません。ふくらはぎを伸ばして柔らかくしましょう。

ミ）どの姿勢でも構いませんが、今度は首を横に回します。そこからアキレス腱を伸ばしてみましょう。さらに首が回ったでしょう。

ヨ）仰向けに寝ます。そしてお腹に掌を当てて、呼吸を観察します。次にアキレス腱を伸ばします。自ずと呼吸が深く、長くなっているでしょう。

昔の日本人の歩き方は骨盤を後傾させていた

昔の日本人の歩き方は、骨盤を後傾させる歩き方でした。試しに、立ってその場で膝を曲げずに足踏みしてみましょう。現代人の姿勢は骨盤を前傾させて骨盤を固めていますから、頭が左右に揺れてしまうでしょう。

そこで骨盤を後傾（肛門を前方に持っていく）させて、足踏みしてみましょう。脚をそのまま真上に引き上げても、頭が揺れずに足踏みができるでしょう。

このように膝を曲げずに脚を引き上げる歩きをするために、骨盤の後傾が大切なのです。そして、アキレス腱を伸ばす（足先を上げる）のも骨盤が後傾していなければ良くできないのです。

こうして骨盤を後傾して歩くとミツゴナミ（生命波動）の発生が豊かになるので、疲れずに歩けるのです。昔は誰もがしていましたから、子供たちも自然と体で共鳴して覚えることができました。ミツゴナミを発生させた人が大勢で歩くと、お互いのミツゴナミに引かれて、さらに楽に歩けます。そこで十里も普通に歩けたのです。

しかしこの伝統の歩き方も、靴を履くようになって、下駄屋さんが町から消えると共に失われていきました。当然子供たちにも昔の歩き方が伝わりませんから、現在は見ていて本当に危うい歩き方をしている子供が多いのです。このままでいると、将来歩けなくなりそうです。

ところが、どこでも西洋式（スポーツ式）の歩き方しか教えていません。これは、関節を痛める歩き方なのです。昔の日本人の歩き方は、股関節から脚が振れていく歩き方で、蹴らずに歩きましたから、膝関節の動きは現在よりもずっと小さく、膝関節が磨り減るといった不自然な現象は起こらなかったのです。

昔の日本人の歩き方の詳細

昔の日本人の歩き方の詳細を記します。踵のキワという狭い面積で着地して、踵を丸木を転がすようにすることで（こうすると足先が等速度で下がっていく）体を運びます。試してみましょう。

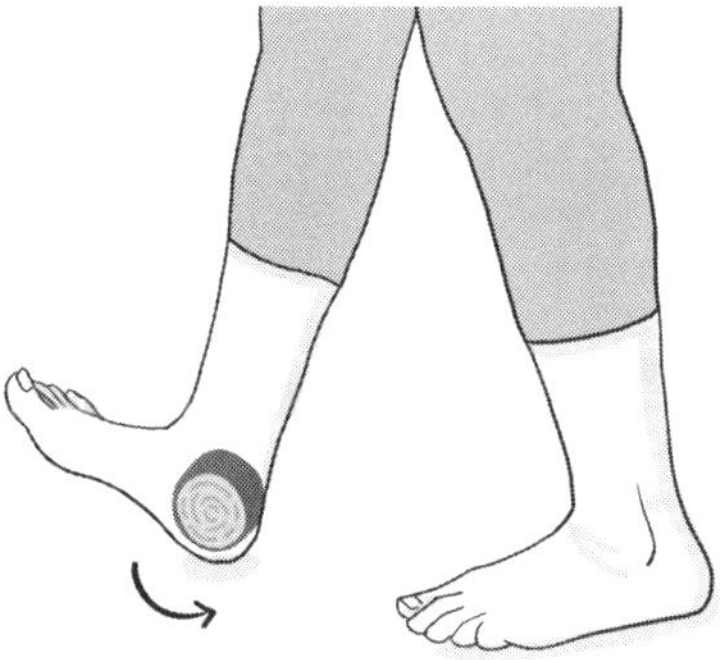

丸木を転がすように踵を転がして歩く、
昔の日本人の歩き方。

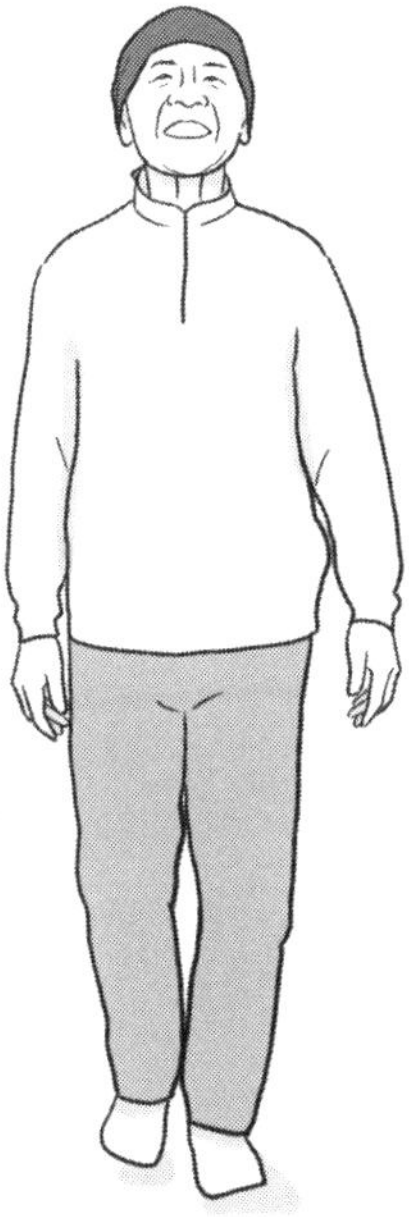

ヒ）右足のアキレス腱を伸ばして足先を高く上げて（足の甲を屈して）、踵のキワで着地して体を乗せます。そのときに左足は、足先で蹴る体勢にならずに、足裏は地面と平行に上がります。左膝を折って引き上げるのではなく、骨盤の左側が上がることで脚が真上に引き上がるのです。

フ）引き上がった左脚は、歩きの慣性で自ずとぶらんと振られて前に運ばれます。

ミ）このときの右足は、足先が高く上がった状態から等速度で足先が下がっていきます。かたや現代人の歩き方では、踵が着くと同時にパタンと足先が下りて、つま先で蹴る体勢になってしまいます。しかし等速度で足先が下りていくことがとても大切です。これが推進力になるからです。

ヨ）右足の足先が着地するタイミングで左足の踵のキワを地面に着けて、体を乗せます。すると骨盤の右側が上がるので、２、３㎝右脚が引き上がります。マノスベの姿勢であれば骨盤は自在に動き、脚は自ずと上がるのです。上がった脚はそのまま前に振れていきますから、置けば良いのです。

この歩きは、どこにも無駄のない歩きです。そこで長距離も疲れずに歩けるのです。かたや現代の歩きは、骨盤は前傾させて固めていますから、骨盤も自在に動きません。脚を骨盤の傾きで引き上げることができないので、股関節と膝関節を曲げて脚を引き上げることになるのです。

ほとんど自覚がないでしょうが、前重心にバランスを崩して骨盤を固めていますから、着地したときの衝撃はそのまま膝関節や腰へ響くので、関節痛や腰痛になりやすいのです。昔の日本人のように腰を反らさず、後ろ重心で歩けば、自ずと健康になります。地面を蹴るといった無駄な動きもありませんから楽なのです。「ウワー後ろから風に押されるようです」と、皆さん感動されます。押される神力が生まれるのは神様からのご褒美です。何よりも助かるのは、蹴躓《けつまず》いても前に転倒しないことです。

下駄を履いてみよう

マノスベの姿勢で立つときはお腹を引っ込めます。すると鼠径部が少し折れます。アキレス腱を伸ばして踵という狭い面積で立ちます。後ろ重心になっていますから、足先には体重が掛からない状態です。

こうして立つことで、フトマニ（正反対向発生）が増してアワ量が増えますから、しっかりと立てる上に体は柔らかくなります。昔の日本人の歩き方は、この姿勢を保って歩きました。

もしマノスベ（自然）な歩き方に変えてみたいと決心したのなら、まずは下駄を履いてみるのも良いでしょう。

現代の蹴る歩き方のままで歩くと、前歯と後歯がほぼ同時に着地します。そして前歯で蹴る歩き方になってしまいます。この歩き方だと前歯の着地時間が長いでしょう。正しく歩くにはその逆で、前歯と後歯の着地時間を2対8程度に、後歯の着地時間を長くして歩きます。

つまり後ろ重心ですから、前歯は足を上げる寸前のほんの一瞬だけの着地になります。良い歩き方は、アキレス腱を伸ばし骨盤を後傾させて股関節から動く歩き方ですから、自ずと後歯の後ろ角で着地するようになります。

現代人の歩き方は、蹴って歩く際に、例えば左足で蹴るときは、左足の下腿が前に傾く

下駄を履いて歩くと、昔の日本人の歩き方がわかりやすい。後歯の後ろ角で着地して、前歯は足を上げる一瞬だけ地に着くように。アキレス腱を伸ばし足首で背屈させる。下駄と踵が離れない歩き方になる。

ので膝も屈曲します。下駄でいえば下駄先が地面に着いてしまうのです。右足は自ずとは引き上がりませんから、太股の筋肉を使って足を引き上げます。

これは階段を上るときには良いのですが、平地やゆるい上り坂では必要のない動きなのです。しかし前傾姿勢では、こうしなければ歩けないのです。腰を固めるので腰も痛くなり、膝関節も磨り減るのです。下駄の表面から踵が離れないで歩けるようになれば、昔の日本人の歩き方になっています。

ウの言魂は48音の中で最高の働きをする

「私はウのみ働きを力説したい」（『武産合氣』１０９頁）

「ウの言魂を発生する。どんなことでも必ず出来るようになる」（『合氣神髄』89頁）

ウの言魂について、次のような話があります。

「盛平があるとき、ミロク殿の西門口までくると、作業中の一人が、『植芝さん、ちょう

どよいところにきてくれました。あなたのところへ今使いを出そうと思っていたところです。この石を持ち上げてくれませんか』というのであった。見ると千貫もありそうな大石である。それが底地にめりこんでいる。『これはダメですよ。いくら力があってもムリですよ』と盛平が答えているところに王仁三郎がでてきて『植芝さん、これは言魂で力を出して動かさねばあきまへん』といった。

『コトタマって何ですか』と聞くと『この石を動かすには。ウの言魂やな、真氣を集めて、ウの言魂を発して浮かせるんや』といって。言魂の説明をした。

盛平は『やってみましょう』ともろ肌ぬいで巨石に両手を当て、渾身の力をふりしぼり、『ウ……』の言魂を発すると、不思議や、巨石はむくむくと動いて、ほんの少し移動した、どんな強力でも、とても動かせまいと思われた巨石は言魂でうごいたのである。自分の力量を知っている彼は、全く驚くべき奇跡を体験したのである」（『武の真人』73頁）

このように、言魂は筋力とは違う神の力を発揮します。言魂は使う人の体を変化させて、アワ量を増やします。すると対象にも変化が起きるのです。

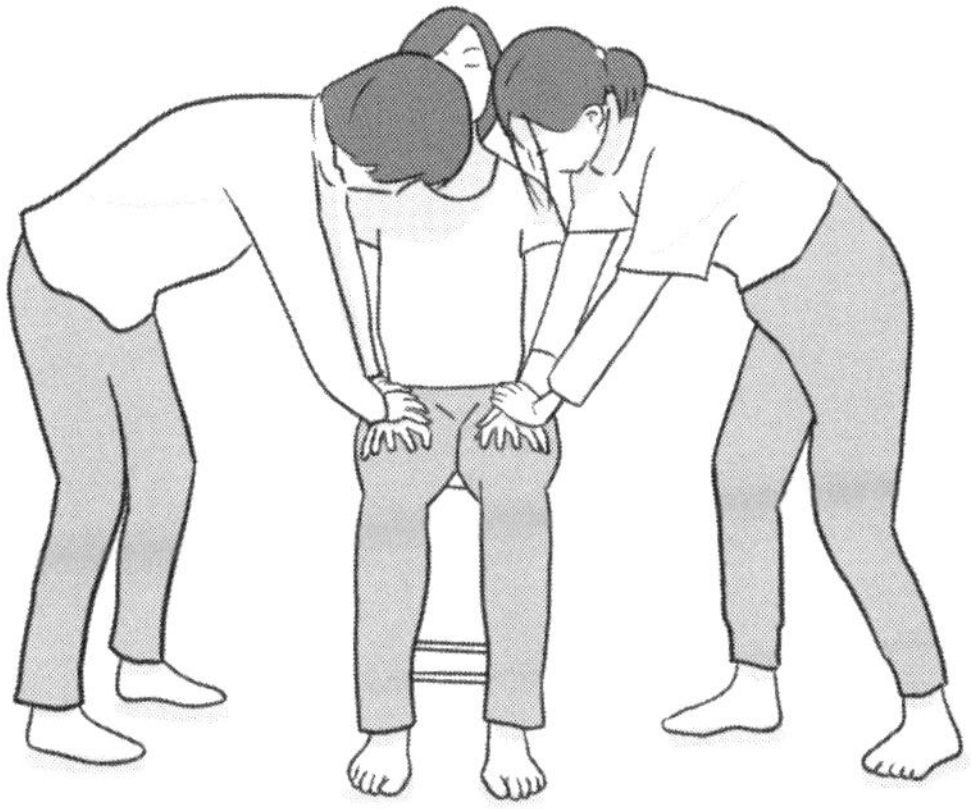

座っている受け（イラスト中央）が、二人掛かりで手を押さえつけられても、「ウ」の言霊を発すると軽く上がる。

ウの言魂を試す

では、ウの言魂を試してみましょう。

取りは椅子に座って、掌を太股の上に置きます。受けは椅子の前に立って、両手で受けの両手首の辺りを持って下に押しつけます。取りはこの両腕を持ち上げて、その重さを確かめておきます。

そして次は、「ウ……」と言いながら、ゆっくりと手を上げてみましょう。軽く上がるでしょう。

ちなみに、歌詞にウを入れて力まずに歌うと、聴く人の心に響きます。「さくらさくら」ならば、「すうあ－くう－るうあ－すうあ－くう－るうあ」と歌うのです。

細胞の心に届く歌い方の稽古

「声と心と拍子が一致して言霊《ことだま》となり、一つの技となって飛び出すことが肝要で、これ

をさらに肉体と統一する。声と肉体と心の統一が出来てはじめて技が成り立つのである」（『合氣神髄』62頁）

この技は歌うときにも使っています。全ては相似象なのです。私は、道場に参加された方に私の歌を聞いていただき、花や微生物にも伝わる歌い方、つまり耳から伝わる音波ではなく、言魂として細胞のアマナに直接伝わる歌い方を研究しています。

このような力があることを知った切っ掛けは、私が歌うと、眠くなってしまう、あるいはわけもなく涙が湧きでるといった反応をしてくれる方が出てきたからです。

これはミツゴナミ（生命波動、氣）が体の細胞の心に直接届くからです。アマナにはコロウケハシという働きがあります。これは心を受け渡しするという意味になります。そこでアマナを持つ細胞に心が伝わるのです。

細胞の心の反応は、大脳とは違い心地良さの多寡だけですから言葉にはできないのですが、あえてそれをT・Iさんが言葉にしてくれました。

「先生の声が、体にスッと入ってくるような感覚でした。私の中の大切な何かに響くような感じ、ダイレクトに揺さぶられる感じ、私は沁みたのです。

すると……たとえどんなに楽しげな歌であろうとも……深い感謝が、私の内に広がりました。太古から、脈々と受け継がれてきたイノチが、今この瞬間の私という存在まで繋がっている奇跡、イノチが織りなす壮大なものの、ほんの一部でしかないちっぽけな私。ちっぽけでありながら、そのちっぽけさに私は胸を張れたのです。このまゝまで良いことが既に許されている感じ。大量の優しさに包まれている感じ。それはとても懐かしくて、氣が遠くなるほど切なくて、あゝ子どもの頃、夕焼けをみるたびに、同じようなことを感じていたことを思いだしました。

無性に泣きたくなる感覚、帰りたくなる感覚、大好きでたまらない『何か』が確かに私の内側にあって、それが揺さぶられたのです。何ともいえない不思議な感覚に包まれ、深い安堵と安らぎに満たされて、とても切なくもあり……涙がにじみ出ました。

あまりにも遠い記憶の蓋が、先生の歌によって自然に開いてくるようでした。忘れてしまっている大切なものを人類の誰もが思い出せたらいいのに。素晴らしい歌をありがとうございました」

細胞の心の変化や感覚を言葉にするのは難しいのですが、そこを手探りするようにして言葉にしていただきました。

心の奥に触れて涙ぐんでいただける、眠りに落ちていただける、安らいでいただける、そんな状態が生じる歌い方に近づきたいと思っています。この歌い方は、マノスベの姿勢に調えることです。

声は力みが出ないために小さいほどよいのです。しかし、この歌い方であればアマナを持つ全てに伝わります。岩にも伝わるようです。細胞にも岩にも耳はありませんから、音を聞いているわけではありません。音なら岩は表面で反射してしまいます。岩に浸透し得るのは、ミを入れて歌うことで、そこから出るミ（潜象の極微粒子）だけです。ですから、ミを入れるにはどうしたら良いかになります。

そこで、しっかりと息を蓄えて（休止符の間を十分にとって）、一言一言をゆっくり歌うことです。喉ではなく仙骨の辺りで音程を取る氣持ちで発声します。そして、ウという音をなるべく入れることです。

私が歌っているときに、「体の中の氣の柱がキラキラと虹色に輝いていました」と、氣の見える男性が感動して話してくれました。

富士山で岩の反応を見ていただく

富士山五合目の駐車場には、大きな火山岩が2つあります。なにやら説明書きもありました。その前で歌ったとき、体の内部の氣を初めて私から見ることができたという女性も参加されました。そのときの感想です。

「先生が歌い出すと、左側の岩からは黒いもやもやが出てくるのが見えました。人が触れていくので、人の念が移ったのだと直感しました。願望という欲が岩に移って、それを吐き出している感じがしました。歌っていると岩と周りの空氣が浄化されてスッキリして、岩がクリアになってきました」

「右側の岩からは、螺旋状の光のエネルギーが左から右へ岩を撫でるように流れだして、岩はもちろん、後方の樹までもが喜んでいるように見えました」

生きている岩

「先生、生きている岩を、イキチイハというのですか。岩も生きているとは聞いていましたが、岩から出る氣の反応を見たのも、もちろん初めてです。歌が岩や環境をイヤシロに変えるのですね」

岩が成長するときには、イハ（電氣の配列）でサヌキとアワの層ができます。これをイハメといって、木の年輪に相当します。結晶が成長していくときの生命力は、イハ（電氣的正反）の親和力によります。岩は植物のように輪状にならず、平行的な層になることもあります。その成長変遷の速さは、数百年、数千年の単位なのでしょう。岩の中に様々な多くの宝石が見つかるのも岩が生きている証拠です。

イハメは火成岩（火山の溶融物の変遷した岩）にも多くあります。水成岩も水流の圧力によって変成され、結晶構造を持つと硬くなり、イハメを持ちます。電子密度を増して結晶構造を持った岩は、生命の元イハカムナ（結晶核）を持ちます。

岩はそれぞれに電氣密度が異なって、そこには正反の電氣（サヌキ、アワ）を保有しています。だからイハ（イカツの正反）というのでしょうね。一つの岩でも、部分的に死んでいるところ（風化）と成長しているところ（新陳代謝）があります。

また、岩には男岩と女岩の別もあります。表面の位相がサヌキあるいはアワの電氣性を表すので、わかる人にはわかるようです。これも相似象ですね。

上古の時代、石器をつくるにはイハメを持つ岩でなければなりませんでした。石器となる硬い石（イキチイハ）から、それを取り出す方法も上古代人は心得ていたのです。

第6章

日本文化の根幹はカタカムナと神

神社参拝の意義は

日本全国には八万とも十万ともいわれる神社があります。神社参拝も自ずと日本人の精神性を高めることに繋がっていました。万有万神の条理、つまり、全ては神という教えですが、それならばなぜ神社に参拝するのでしょう。神社への参拝の意義を聞かれました。参拝は自身の神を忘れないためにも大切なことと思います。

神社に神が坐《ま》しますように、体の中にも神が坐します。境内に入ると清浄な氣が流れていますが、これと同じように自分自身も清浄な氣に満たされます。

鳥居は昔のイヤシロチに立てられたものでした。イヤシロチとは「還元電圧」を持つ地帯のことです。還元電圧地帯とは、生きものが元氣になるところ。この反対が酸化電圧地帯で、ケカレチといいます。そしてそこに住む生きものは、病氣になりやすいのです。

イヤミソギとは、イ（電氣粒子）がヤ（極限飽和安定まで活性に）なるようにミソギ（禊）をすることをいいます。ミソギは一般には水中で身の穢れを清浄にすることと思われていますが、本来は水を条件としていません。むしろ山の頂や、後代に神社の境内となったところがカタカムナ人のミソギの場所でした。

カタカムナの時代には、イヤシロチでミソギを行いました。しかし現在はそのイヤシロチが激減しています。それでも日常的に「ミを入れる」ことを実行してアワ（感受性）を鍛えれば、「ウルハシココロ」（見事、整っていて美しい心）となり、「内外の玉垣清く浄《きよし》」です。玉垣（想念のありかた）が命を守ります。

アワ（潜象）は、心身の様々なバランスを調えます。アワを盛んにして電氣粒子の発生を増やし、高電位の体にしておけば生命力は高まります。

アマココロに秘めた母心

アマココロ。これはアマウツシによって私たちに給与されるココロ（極微粒子）のことですが、ココロ（極微粒子）は単なる極微粒子ではありません。「生み出した我が子等が元氣でいてほしい」というアワ（母心）が秘められています。

アマココロ（極微粒子）の最初の状態を、カ、アメ、ヒ等といいます。この始元量がヒフミヨという段階を経て成長していきます。これらは全てあまりにも微小で目には見えませんが、極微粒子であり渦巻状態であることや、その量をカタカムナ人は確かに感受していたのです。それをアワ（潜象）と訳しました。

私たちも、その量をオモダルとして感じることができます。オモダルが増した状態であれば、その人を抱えて持ち上げようとしても持ち上がらないほど重くなります。私たちは常にアワ（潜象）が充実し、オモダルが増した状態を続けて生きていれば、アワ（潜象・神）と一緒ですから元氣で身軽に生きられるのです。

現象は潜象によって生滅する

現象とは原子、分子、細胞など測定できるものを指します。イカツは現象を構成する最小粒子ですから現象ですが、イカツを構成しているイカツミ、マクミ、カラミ、トキ、トコロといった中身は潜象の極微粒子です。

潜象の最小粒子、始元量はヒフミヨイと変遷し成長してイカツに分化します。ムナヤの段階はイカツから分化するのではなく、イカツの中身の組み合わせ力によって決まるモコロ（原子の素量）に分化します。ヤの段階でやっと各種の原子の素量が完成し、原子の形状ができ上がります。

ムナヤの次はコトですが、コの段階でそれら素量は元のアメ、ヒといった始元量に還元します。これをヤハカエシ（極限還元性）といいます。

そして十《ト》の力でもって、再び、循環がヒから繰り返されます。これらの循環がアマハヤミ（超光速）で繰り返されるのですから、もはやこれは神の働きです。十は重合、統合の意味で、縦線がカムウツシ、横線がアマウツシを表します。これは神の働きそのものを表します。外国では十字は神を表します。これは日本から伝わったのかもしれません。なにしろカタカムナは何万年も前の文化なのですから。

アマウツシによって体は変遷していく

アマウツシツミ（我々の体に給与される個々の実）には、カ、アメ、アワといった始元量や、イカツミ（電氣の素量）マクミ（磁氣素量）カラミ（力の素量）と、これらのミツゴ（三素量）で構造するモコロ（物質と生命質の基礎となる潜象粒子）などの潜象がカムウツシ・アマウツシの形で給与されることで私たちの体は変遷していきます。

このように、体には潜象が重合し互換し変遷しているのです。まさに「タカマガハラ（現象）にカム（潜象）留坐《つまりま》す」なのです。

現象のフトマニがあって潜象のフトマニが発生する

私たちの生命が続くのは、トコタチ（重合を繰り返す性質）によってフトマニ（正反対向発生）が繰り返されるからです。フトマニは「フトタマノミ　ミコト」（アマとカムの対向発生の連続）という生命現象を抽象した言葉です。

潜象でのフトマニが生ずるには、現象でのフトマニが条件となります。それには電子・原子・細胞レベルでの重合、雄蕊《おしべ》と雌蕊《めしべ》の重合、精子と卵子の重合と様々な現象でのフトマニがあります。

現象でのフトマニが起これば、潜象でのフトマニが生じます。フ（カムとアマ）のト（重合・対向発生）によってマ（そこ）にカムミ（生命の力）タカミ（生命体）が一つ一つムスヒ（給与）されてニ（定着）することで、体が移り変わりイノチが続きます。

フトマニを盛んにするには、まずは体を動かすことです。体を動かすのにも、良い動かし方と悪い動かし方があります。良い動かし方は、感受性を働かせて動かすことです。動かすときに思念を入れて感受しつつ動かすことが大切です。

感受性は、アワ（カの力）を発揮させます。「アワ」は生命力を発揮させる元の力です。これがミコト（繰り返される）と、次々に発生したカムミ（潜象の形態、トキ）とタカミ（現象の形態、トコロ）がムスヒ（生産）されて現象が変遷していきます。

イカツミ、マクミ、カラミ、トキ、トコロ

カはヤ（条件ができたところ）にタ（独立発生）した、最小のマリ（極微粒子、渦巻き）です。カには正反があります。アワ（左回り）とサヌキ（右回り）の渦巻の違いです。これをカハ（カの正反）といいます。

その正反の渦巻がト（重合）した最小のマリをヒといいます。ヒがヒフミヨイムナヤとノ（変遷、分化）して成長していきますが、その場所がマ（間）になります。ヒフミと変遷するミの段階では、イカツミ、マクミ、カラミの3要素がミのマリの内部に発生していきます。

そしてヨイの段階でトキのマリとトコロのマリが発生します。イの段階でイカツミ、マ

クミ、カラミ、トキ、トコロの五要素が内部に発生しています。

トキ、トコロも潜象の極微粒子です。これら五要素も実質はカであって、カが右回りに渦巻いているものをイカツミといい、左回りに回っているものをマクミといい、左右の渦が絡み合っているものをカラミといいます。

トキはマの収縮性、トコロはマの拡散性の働きになります。この働きでイサナキ（粒子性）とイサナミ（波動性）の力が生まれます。私たちの常識的にあるトキとトコロの意味とは大きく違っています。イカツとなって初めてトキ（収縮性と粒子性）、トコロ（拡散性と波動性）といった現象の働きが生じます。

代謝が盛んになってトキとトコロの量が多ければ、時間も充実します。現象の質も充実します。充実した時間はアッという間に過ぎ去ってしまいます。と同時に、不思議ですが長い時間にも感じられます。思い起こせば、子供の頃は1年が長く感じ、大人になると1年が短く感じられます。

時間と空間は共存している

トキ　トコロは、現代人の持つ時間空間の観念とは全く違っています。現代人は時間意識のみに片寄っていて空間の面を無視しているのでしょう。タイムマシーンの着想でも、時間だけを操作できると考えて空間の面を忘れています。時空は常にトコタチ（共存）しているのです。

耐えがたい悲しみがやわらぐのも、ただ「時が全てを解決してくれた」のではなく、様々な空間が、時間と共に経過し、その間に精神状態も変遷していったからです。時間と空間は別ものではなく、常に互換し重合しつつ変遷しています。

トキとトコロは、アマから発生したマリ（粒子）なのです。トキ　トコロのマリは、モコロ（物質系、生命質系の最下限粒子）にも組み込まれています。そこで、アマの本来性であるトコタチ（拡散性、波動性）とソギタチ（収縮性、粒子性）の力も受け継いでいますから、現象物も膨張したり収縮したり、拡散したり粒子化したりと様々な働きが生まれるのです。

「トコロチマタシ　トキオカシ」という言葉があります。アマの本来性によって物事が変遷していく相（スガタ）を観じた言葉です。トコロチマタシとはサヌキの右回りで還元系、微分性のこと。トキオカシはアワの左回りで発生系、結球性のことになります。

私たちは絶えず「トキ　トコロ」を多く持ったり、少なく持ったりしています。星も大きさ重さに応じたトキ　トコロを持っています。そこで大きい星の寿命は長いのです。そこで私たちもトキ　トコロを多く持つことができれば、元氣に長生きできます。オモダル（アワ量）が多い状態であれば、トキ　トコロも多く持つことができるのです。

カミサキサトリは神にバランスを取っていただくこと

「カミサキサトリ」という言葉があります。神がサ（カの量）をキ（発生して）サトリ（差を取ってくれる）と訳せます。体の働きと健康は、量や、勢い、組成などの様々な差（バランス）を取ることで成り立っています。体温、血圧、心拍、呼吸、胃液、血液の中身もバランスが大切です。

しかし、人がオノズサリ（自然さ）を崩した生活をしていると、サ（カの嵩《かさ》、すなわちアワ量）が減って、サトリ（バランスを取る力）が減ってきます。そこで自然さの多いマノスベの姿勢を習慣にすれば、カミサキサトリが豊富になります。このような精妙な働き、奇妙な働きはやはり神の力といっても良いのでしょう。

「神人一体」という精神性

『合氣真髄』には「神人一体」と何度か出てきます。この言葉は日本人の精神性の高さを示しています。精神性とは一般的な精神をいうのではなく、神の力を表すものなのです。

神人一体は、次のウタからも理解できます。

イハフトヤネ　イキツチノワ　カタカムナ　アマノヒトタマ
カミサキサトリ　ニナタマノ　ワケツミ　イキコトマリノ　ワケヨミ
（カタカムナ　ウタ　第11首）

【大要】

●イハ

ここは、イカツの実質であるイカツミとマクミの正反のこと。

●フト

この二つと何兆回と重合するヒの量によって、

●ヤ

ムナヤとヤ（極限、完成）まで進行して、原子が構成されます。

●ネ

それを行うネ（根元）の力がアマナ（アマの代行）、カムナ（カムの代行）です。

●イキツチノワ

イキ（生命活動）のツ（個々）のチ（持続）とノ（変遷）がワ（和）することで健康でいられます。

※細胞のそれぞれが機能を活かして、調和、和合、バランスを取っていますから、恒常性、免疫力、自然治癒力を持った健康な生命を持続していけるのです。60兆の細胞がイキツ

チノワを保てるのは、オ（六方環境）のホ（カに親和）されたアマナ・カムナの働きなのです。

◉カタカムナ

細胞個々の生命を保つ働きがカタカムナであり、アマナ、カムナ、アマノミナカヌシ、タマシヒ、ミスマルノタマなのです。大切な命の根源ですから、それを抽象した言葉がたくさんあるのです。

◉アマノヒトタマ

アマ（始元量）からノ（変遷）したヒ（根源）が、何兆個とト（重合）してタマ（ミスマルノタマ）が生じます。

※ミスマルノタマもカタカムナも、アマナのことです。タマシヒ（魂）もアマナのことです。このアマノヒトタマの働きは、

◉カミサキサトリ

カとミのサ（量）をキ（発生）させてサトリ（差を取る、バランスを取る）働きをします。

※カミが先になって差を取ってくれます。体の中は、まさに神の仕事場です。体の働きと健康は、あらゆることの差を取ることで成り立っています。体温、血圧、心拍、呼吸、

胃液、血液の成分なども、差を取る働きが大事です。

●ニナタマノ

ニ（定着）をナ（何度も繰り返し）ながらタ（独立した）マがノ（変遷）していくには、

●ワケツミ

ワケられたツ（個々）のミ（脳、肺、心臓、胃、腕、足等の様々な臓器）に、

●イキコトマリノ

イ（イカツ）がキ（発生）し、コ（繰り返し）ト（重合・統合）して、マリ（微粒子）のノ（変遷）が盛んになることです。

※イキコト（生きること）とはマがリ（分離して）ノ（変遷）していくことです。

●ワケヨミ

そのようなワケ（理由）をヨミ（知って）ください。

アワとはカミ（潜象）の働きのこと

アワとは、フトマニ（正反対向発生）の際に給与されるカ（始元量）のことです。カ（カ

ム）は、カタ（現象に出れば）アワと呼び、アカ（現象に出た力）と呼び、ヒビキ（根元の働きを引き出す）とも呼びます。

カが多いこと、つまり潜象の働きが盛んであればアワ性であり、給与されるヤタノカ（ヤまで達しうる力）つまり生命力も多く、イカツも増えてイヤシロ（高電位）の健康な状態でいられます。「サヌキ」（現象）の力で営まれる生命活動は、「アワ」（潜象）によって生み出されるからです。

日本人の精神性はアワ性に富んでいた

現代人の精神性は「サヌキ性」過多になっています。つまり差を付けて人より抜きん出ようとする氣持ち、ピラミッド形の社会構造の中で生き抜こうとする氣持ちです。かつての日本人の精神性はアワ性が多く、サヌキ性とのバランスが取れていました。

アワ性とは、ア（現象）の中でワ（総てが和していくこと）であって、感受性、女性性、溢れる生命力といった性質です。「アワ性」で生きるようになると、「サヌキ性」（現象での体力）も付いてきます。体力には筋力や持久力、免疫力、生命力も含まれますが、すべてはカサ（カという根源の量）の違いですから、アワ性によってアワが増えればそれらも増えるのです。

神の働きを現す素敵な言葉（2）

私たちはカムのミ（実質）でできています。カムミは単なる物量ではありません。カムは宇宙を生滅させている無限の力なのです。

体の中にはアマノミナカヌシの神が坐《ま》しまして、イキココロ（生命力）とミノシロ（生命体）を給与してくれます。そして、体を害する何かが生じれば、すぐに対応して除去してくれます。

その様々な働きの一端を、カタカムナの素敵な言葉で見てみましょう。これらの言葉は働きを良くする言魂でもありますから、覚えて日常でも使ってみましょう。

◉オホナホビヒメ

オ（六方環境に存在し）ホ（正反親和してフトマニ）をナ（何億回も繰り返し）ホ（正

反親和する）ヒ（根源のチカラ）をヒ（秘めています）。これは健勝幸福の元の現れです。

◉アマツカミ

無限界のカムから有限界のアマヘタ（独立した）多々のカとカから変遷したミのこと。ヒトの生命現象を発生し、持続させるイキココロのミト（ミナモト）です。

◉マカウミコ

マカ（アマに現れるカムのチカラ）は、ウ（潜象の界面）からミ（潜象過渡の極微粒子、ミツゴ）としてコ（繰り返し）ウミ（生み）出されます。

◉ウルハシココロ

ウ（潜象の界面から発生して）ル（存在し）ハ（正反）にシ（示される）コ（繰り返し）コ（繰り返し）ロ（オクから発生してくる）ウルハシ（麗しい）ココロ（心）です。

◉アワナギ　アワナミ　ツラナギナミ

アマナを原子核と訳していますから、皆さんは、アマナを形が定まったイメージを持つでしょう。しかし、実は「アワナギ　アワナミ　ツラナギナミ」は、アマナの姿なのです。アマナは潜象ですが、ソコタチ（膨張性）とソギタチ（収縮性）を繰り返していますから離れた場所にも広がって、元と同じ原子の集団を作り出すことができるのです。

収縮性の力によってカムミムスビ、すなわちミクマリ（アマノミナカヌシ）となり、膨張性の力によってタカミムスビ、すなわちイハツチヒコ（電氣粒子の正反）を発生します。

●ヌツチ　カヤヌヒメ

生滅（発生と還元）をチ（続ける）ツ（一つ一つの細胞）のヌ（陰）には、カヤ（カの力をヤまで出せる）ヌ（隠れた、見えぬチカラ）がヒメ（秘め）られているのです。

それでは、第6章の内容を総括するような、カタカムナ　ウタをご紹介いたします。

日本文化の根幹とは

カムナガラ　アメノクヒサモチ　カタカムナ　クニノクヒサモチ
オキミツゴ　サキカゼ　シナツヒコ　キノククノチ　イヤミソギミチ
オホヤマツミ　カヤヌヒメツチ　イヤミソギ
（カタカムナ　ウタ　第37首）

【大要】

◉カムナガラ
カタチこそ目に見えない潜象の話ですが、
◉アメノクヒサモチ
アメからノ（変遷）したク（自由）なヒ（根源）、つまりアマナにサ（力の量）がモチ（満ち足り）て、
※モチという言葉は、モチヅキ（望月）のように満ち足りた、賞賛すべきという意味があります。
◉カタカムナ
アマナに密充しているカムナのこと。つまりイキココロ（生命力）が満ち足ります。
※それによって、アワナギ　アワナミ　ツラナギナミもモチ（満ち足り）ます。
◉クニノクヒサモチ　オキミツゴ
クニ（原子、細胞）へのノ（変遷）がク（自由に行われる）ほどにヒサ（力の量）がモチ（満ち足り）ます。

オキ（六方環境に発生する）のはミツゴ（イカツミ、マクミ、カラミ）の三つの位相を持つマリ（集まり）です。これによってタカミムスヒ（生命体の発生）になります。

●サキカゼ

サ（力がサかれた量）に応じてキ（発生）します。カセは、力のチカラをセッセと勢いよく発生する様子です。そしてそこには、

●シナツヒコ

シナ（多種多様）のツ（微粒子）がヒ（根元）からコ（繰り返されて）多量に発生します。

●キノククノチ

そして、キ（発生）ノ（分化）がク（自由に）ク（自由に）ノ（変遷を）チ（持続）して、

●イヤミソギミチ

イヤ（極限飽和安定までイヨイヨ、益々活性に）ミ（カムミ）をソ（そこ）に発生させてミチ（満ち）ます。

●オホヤマツミ

オ（六方環境）に現象のヤマ（個体）を形作るそのツ（個々）のミ（カムミ）を大山積みに、クニ（自由に定着）してまとまり、オホヤマツミ（細胞群）ができ上がります。

◉カヤヌヒメツチ

カからタ（カタしたアワ）のヤ（ヤタノカのチカラ）まで進行するヌ（潜象）のチカラをヒメ（秘め）たツ（個々）がチ（持続）します。つまり、新しい細胞の発生の際に必要なカヤヌ（遺伝情報）もヒメ（秘めて）います。

◉イヤミソギ

このように、体の分裂発生増殖が盛んになる状態をイヤミソギといいます。

※イ（電氣粒子、イノチ）がヤ（飽和、極限）までミソギ（ミがそこに発生する）といった感じが伝わってくる素晴らしいウタですね。カタカムナ人は感受性が優れていましたから、自身の状態を感じてバランスを取ることができました。私たちもマノスベの姿勢で、何事も「ミを入れて」行い、イヤミソギの状態になりましょう。

第7章

修理固成《つくりかためなせ》は人に与えられた天命

天命を成すために人に与えられた一霊四魂三元八力《いちれいしこんさんげんはちりき》

「一霊四魂三元八力は神様の大御心の現れである。その分身が人なのである。そして主体となって、神の経綸するように創られたのである。この羅針盤が合氣道の実行である」（『武産合氣』89頁）

この宇宙を造り出している神が大元霊。カタカムナでいえばアマ・カムのこと。アマ・カムの代行がアマナ・カムナ、同じように大元霊の分霊《わけみたま》を一霊四魂といいます。大神はなぜ分霊をお産みなされるのでしょう。

神が神を産んで、さらに新しい神を作り出す、このようにして修理固成は無限に続いているのです。

人に与えられている一霊四魂三元八力の力で神の目的を遂行することが、人に与えられた天命なのです。

修理固成が成されていた日本はイヤシロ地だった

「すべての仕組みを生み出して、地球の修理固成《つくりかためなせ》を、人の責任として、実行さしているのであります……人は人が主体となって宇宙の仕組みを、この世に移す責任をもたされて、日々天地とともに弥栄《いやさか》えるようになっているのであります」（『合氣神髄』64頁）

「人が主体となって宇宙の仕組みを、この世に移す責任をもたされている」とは責任が重いです。しかし、最高のやりがいともいえましょう。そのために、元霊から一霊四魂三元八力《いちれいしこんさんげんはちりき》や、十種《とくさ》の神宝《かむたから》が与えられてるのです。

一霊（人に与えられた分霊、アマナ・カムナ）四魂（潜象の神々の働き、奇魂、幸魂、和魂、荒魂）三元（氣、流、柔剛）八力（動、静、解、凝、強、弱、合、分）を万有愛護の大精神をもって、それらを活用しなければならないのです。

このように『合氣神髄』及び『武産合氣』ほど、壮大に雄大に人のあり方を説いた書は他に知りません。これこそが、私たちが日々天地と共に弥栄《いやさか》える道であることを教えてくれています。

カタカムナでいえばアマ・カムの大神の働きと、それを受け継いだアマナ・カムナのご活躍によって展開していくのです。

カタカムナは宇宙の仕組みを教えてくれました。潜象（神々の働き）によって、現象は常に潜象と重合・互換しながら移り変わっています。潜象は超高速で生滅を繰り返しています。そこで現象もまた常に生まれ変わっています。これは嬉しいことです。イマタチ（今の瞬間の性質）は、イマイマに条件を良くすれば、アワ（潜象）を変えていくことができるからです。

カタカムナの教えを実行していた上古代の日本人は、氣が体中に満ちて生物や人との間で共鳴しあうことが日常だったでしょう。そしてオホ（神から親和）される道を実践していましたから、日本では修理固成も自ずとなされて、楢崎皐月に「日本は世界のイヤシロチ」と言わしめたのです。

トヨウケヒメによって現象は自在に現れる

カタカムナにはトヨ（現象物は四相をもっている）という言葉があります。

トヨ（四相）とは、ソコ（膨張性）ソギ（収縮性）ナミ（波動性）ナギ（粒子性）といった性質です。トヨによってあらゆる現象も、体の中の精妙で複雑な働きも作り出されます。このことをトヨウケヒメといいます。

トヨ（重合の四相の力）が、ウ（潜象と現象の界面）からケ（正反に変化性、方向性）をヒメ（秘め）て現象が自在に現れるという意味です。四相の力は単に物理的な力ではありません。これを精妙に使い分ける大きな智恵が伴っています。この智恵がアマノミナカヌシの神のなせる業です。一霊四魂の働きもアマノミナカヌシの働きと相似象なのでしょう。

進むべき方向をはっきりさせる

「ハニヤス　ヒコヒメ」という言葉は、ハ（正反に）ニ（定着して）ヤ（極限飽和安定）までス（進む方向性）は、ヒコ（初めから）ヒメ（秘められて）いるという意味です。カムという無限界から、アマという有限界へタ（独立）したカの最初の状態をアメ（始元量）といいます。このアメがヒフミヨイムナヤといった段階を経て分化し、変遷していきます。

その変遷は、初めから「成長する力」と「進むべき方向」を秘めているのです。全ては相似象ですから、私たちが何かをする場合にもこの成長する力と方向性が大切なのです。方向が決まらずに、ふらふらと変わるようでは、神は応援のしようがないからです。

奇魂《くしみたま》

四魂は、一霊の目的のために働く魂であり神でもあります。奇魂の働きは「進展力」です。現象を否定せず、全てが必然と見てその奥にある神の図りを見る。そんな意識で進めていくことです。それには常識に合わせたり、皆がやっているから自分もやるというのでは、世間に流されるだけで進展力がありません。

渡来した常識によって急激に日本人の体力は落ち込んだのですから、それらを忘れて、まずは自分の氣持ちを大切にして、良い未来像を持つことです。悪い未来像を持つと悪い未来像のサイクルにはまってしまいます。

外国から来た文化の価値観とは、ピラミッド形社会に適すように作り出されたものです。カタカムナのアワ（台形社会）に適す価値観とは異なります。台形社会とは細胞の働きに見るように、神の示されたあり方であって、生成化育の大道を行くものです。

奇魂は、決心や覚悟といった明確な未来像、志を持つことをいいます。天地大法事《あまつおほのりごと》の王道を行くと決心すれば、奇魂の働きが現れて、現象の中にも不思議さが次々と現れてきます。このような奇魂の不思議な働きが出てくることを神妙といいます。

幸魂《さきみたま》

幸魂は平安で満ち足りた幸せな氣持ち、全てを神に委ねて生まれる安心感をいいます。幸魂の働きがあって、ご縁が生まれ、人とつながり結ばれるのです。幸魂はより深い優しさと慈しみ、いとおしさを生み出します。このときに発する生命波動は、植物、小動物など全ての生物に伝わります。なぜ伝わるかというと、幸魂の氣は受けて安心するからです。

地球にも心があります。心は頭脳の働きではありません。「ココロウケハシ」というアマナの働きです。アマナは心（極微粒子）を受け入れる始端であり、橋渡しをするところです。すべてのイキモノにはアマナがありますから、アマナを持つすべてはココロ（生命波動）を感じます。そして心地良さで共鳴すれば、豊富なアワがアマ・カムから供給されて、生命波動は増幅し幸せが満ちます。こうした働きが幸魂です。

世の中はお互い様。モロカゲサチなのです。幸魂を育てるのにふさわしいのが母と子、男と女の間です。

『サヌキ・アワ（性）のサトリについて　相似象　第10号別冊』（10頁）に、こんなことが書かれています。

「私共はカタカムナの性のサトリに出会い、その厳粛な真意を始めて知った。〈オメタグヒ〉（サヌキ・アワ、雌雄性の親和）による、情欲というものを含まない「性」の栄養こそ、最高の肉体的・精神的な生命力の増強を相互にもたらし、健康のバランスをとり、知性美を発揮させ、能力を高め、創造力・インスピレーションのもととなるものである。このことを物理的に言えば「個体の潜象感受の共振作用（生命力補給）を活性化する上に、最高の効果を現すのが性によるアマウツシということになる」

戦後GHQの取った3S政策が「スポーツ、スクリーン、セックス」でした。しかし、セックスがなぜ弱体化政策に入るのかがわかりませんでしたが、これを読んで納得しました。つまり「オメタグヒ」とセックスとでは、精神の次元が異なるのです。昔は人々の強い心の絆を描いた小説が多くありました。これがオメタグヒであって、何にでも通じる優しくて強い精神力のあり方だったのです。

和魂《にぎみたま》

和魂は合氣の上達には最も大切で、優しさや和の精神です。人を責めることのない調和の精神です。

「和と統一で結ぶ、これ、合氣である。世界を和と統一で結ぼうとする人を真人というが、合氣はいうなれば、真人養成の道である」(『合氣神髄』37頁)

真人《まひと》養成、これが和魂《にぎみたま》の働きです。私たちは60兆、270種類もの細胞の命の集合体です。人という一個の生命が元氣で過ごすには、全ての細胞の協調、和が大切です。このことをイキツチノワといいますが、これは生きている細胞がそれぞれの持ち場においてイマイマに発生して、それぞれの生命活動が「ワ」（全体の生命の調和、バランス）を取り、健全な個体の生存を保つことをいいます。

イキ（生命活動）をしている細胞のツ（一つ一つ）は、それぞれの機能を受け持っていて、全体の中で力を合わせてチ（持続）ノ（変遷）し、ワ（調和し和合）しています。イキツチノワの力はバランスを取り、恒常性、免疫力、自然治癒力を高めて健康な生命を持続します。

この働きを実現させているのがアマ・カム（一元の神）であり、それを代行するのがアマナ・カムナ（生命の根拠）です。このような協調の輪の働きが和魂です。社会でもこうして、それぞれが持っている力を生かしていくのが台形の社会であり、和魂の働きなのです。

神は私たちに、いつも試験問題を出してきます。それに合格点を出せば、再び同じような問題は出てきません。合格点を出すには、例えば詐欺にあって、ひどい目にあったとします。そのときに相手を恨んでしまっては、合格点が取れません。こんな目にあうのも想念の成長を望む神の試験問題だと思って恨みを抱かなければ合格します。

何回も何回も同じようなことが起こるのは、自分は悪くない相手が悪いのだという思いが変わらないからなのです。

荒魂《あらみたま》

荒魂は、生き生きと生きる勇氣を継続していく力です。伊勢神宮の別宮の一つに「月読荒御魂宮《つきよみあらみたまのみや》」があるように、大切な魂です。荒という文字から荒々しさを表すものと思われている方も多いのではないでしょうか。「アラ」という言葉にはアマウツシという意味があります。それによってアラ（現れる現象）が輝くのです。

荒魂は幸魂の力がなければその力を十分に発揮できません。優しさがあってこそ、荒魂の働きが十全となります。

命はミコトとも読みますが、神の御言《みこと》（天命）を実践する人をいいます。決断する奇魂を支え続ける勇氣、普遍的愛の和魂を支え続ける勇氣が荒魂であり、オホトノヘ（方向性）とオホトノチ（持続性）とを生きる上でも実行していく力が荒魂です。

自己を信頼するとは神の力を信頼すること

自己を信頼するとは、神の力を信頼することです。これによって恐怖が安心に変わり、嫉妬が愛に変わり、否定が肯定へと変わります。様々なとらわれから解放されて、心が自由になります。

神を信頼すれば、神から親和重合されます。これを「オホトノチ」といいます。つまり、オ（六方環境の）ホ（カミが正反親和）してト（重合）とノ（変遷）をチ（持続）することです。自ずと四魂の働きが生まれて、強い心で生きることができます。

神からの親和重合が持続すれば、ヤタノカ（ヤまで達しうる力）をオモダル（アワ量）として持つことになります。このオモダルの増えた状態を常に持続していくことで、心身共に強く生きられるのです。

神に任せるか自力に頼るのか

「カムミイヤマヒ　カムミソギ」という言葉があります。カムミは、象の見えないミ（実）

でトキ（時間量）のこと、タカミは象の見えるミ（実）でトコロ（空間量）のこと。それとカムミイヤマヒ（神を敬うこと）で、カムミをソギ（そこに発生収着できる）といった意味です。

こうしたことによって、日本人は精神力も体力も強かったのです。「火を立てて」カムにお任せするのです。

自分自身のチカラに頼るのは外国文化です。自分の力を大きくしなければ不安ですから、ピラミッド形の社会が生まれるのです。しかし、そうした社会では、どんなに上にいっても、不安感は拭えません。神にお任せしている安心感に勝るものはないのです。

合氣はミソギ　ミを入れて行う技

「合氣は大なるみそぎであり、大なる健康法であり、大なる生成化育の道である」（『武産合氣』58頁）

本来のミソギは「何事もミを入れて行うこと」です。そうすることで、体にミ（力の実質）がソ（そこに）ギ（発生）します。合氣はミを入れて行うことの実践なのです。

外国文化の禊ぎは、精進潔斎、滅罪、願掛けのために苦行や沐浴をします。精神性を高める目的で行っています。

日本のミソギは、日常的に「ミを入れて」過ごすことで、アワ（感受性）が鍛えられます。すると、体の様々なバランスが調います。ミソギによって電氣粒子の発生が盛んになるので、体は高電位になります。すると、生命力と生命体の質が高まります。人の体はイカツ（各種の電氣粒子）でできていますから、高電位であれば体の機能は高まるのです。

昔の日本人と現代人との差は、電位の差ともいえるでしょう。ミツゴナミ（生命波動）の発生が盛んなときは電位も高いのです。このミツゴナミが神人一体の働きを現します。それによって邪氣を受ける、病氣の氣を受ける、憑依されるといった心配もなくなります。高電位であれば、低電位の邪氣は流れ込んではこないからです。たとえ流れ込んできたとしても、アワの力はカミサキサトリですから、バランスの崩れる要素は排除してくれます。

イヨノイヤシロチでバランスを調える

神社をヤシロといいますが、これはイヤシロ地に建てられたからでしょう。
「イヨノイヤシロチ」という言葉があります。イヨノは、イ(電氣粒子)のヨ(四相)がノ(変遷して)、そのマ(場所、体)に、四相の働きが自在に生まれることで、バランスの崩れが調って元氣になることです。

イ(電氣粒子)でヨ(四相)が発動するのは、イキモノの生命力が四相でバランスを取るからです。四相とは、ソコ(膨張、アワ)ソギ(収縮、サヌキ)シマ(流線、ナミ)マリ(粒子、ナギ)のことです。これはアマの本来性(ソコとソギ、トコタチ)を受け継ぐ、トキ トコロのマリが重合していることで現れる働きになります。体の交感神経と副交感神経の働きもこうした四相の働きによって様々にバランスを取っています。

イヤシロチバとは、イ(イカツ、イノチ)がヤ(飽和)までシ(示されて)ロ(正反のバランス)をチ(持続)しているバ(場、体)ということです。

大地に土壌菌や虫たちが豊富に住んでいれば、イヤシロチバです。腸内菌も生命ですが、細胞も生命です。それらの生命が元氣であれば、体の中もイヤシロチバなのです。

イヤシロチがケカレチに変わった

かつて楢崎皐月は、日本は世界のイヤシロチ（還元電圧地帯、生物が元氣に生きられる地帯）と言いました。ところが今や道路はアスファルトで覆われてしまい、虫も土壌菌も住めなくなり、田畑も農薬と化学肥料で生命が激減してしまいました。河川や海には農薬による酸性水が流れ込み、魚貝も草類も激減しました。

こうして、わずか半世紀ほどの間で日本の土地の多くはケカレチ（酸化電圧地帯、生物の生存が難しい地帯）に変わってしまったのです。ケカレチに住めば病人が増えます。現代人はこの悪条件の中に住んでいますから、心してマノスベに生きなければ、自身の体をイヤシロチにすることは難しいのです。

第8章

合氣の極意と実践

合氣は受けの細胞に共鳴していただくこと

合氣とは自身の在り様を、細胞のアマナを通して、相手の細胞に伝えることです。その在り様が宇宙の理（万有愛護の理）に適っていれば、相手の細胞のアマナが受け取って共鳴してくれます。

合氣とは氣が合うことですから、それにはニコニコとした氣持ちで接することです。ミを入れて、つまり相手のオホワタツミ（細胞）やオホヤマツミ（腕、口、目、足など）に対しても大切に思う氣持ちで丁寧に対応します。

万有愛護の理というと、対象をかわいがり保護することと思われるかもしれませんが、双方が嬉しく、楽しく、心地良い、同等の関係なのです。

このような精神がオモダル（アマナのアワ量）を増やします。アワ（潜象）が増えて潜象の働きが活発になることは、合氣に限らず日常生活でも大切です。潜象は神の世界だからです。

ちなみに、かわいいと思う心はお互いのオモダルを増やしますが、かわいそうと思うとオモダルを減らします。同情ではだめなのです。心配するといった思いやりも、かえって重い槍になりかねません。どんなときも良いところ、器量にフォーカスすれば、細胞同士が共鳴します。共鳴すればお互いの波動は増幅します。こうしてお互いが元氣になって「この世界から病氣を無くすのが合氣の道」なのです。

甘えることもアマを得ることになりますが、甘えられるほうも心地良ければアマを得るが成り立ちます。うるさいと思ったら成り立ちません。こうして両方が成り立てば、ホグになります。ホグとは、ホ（六方環境からのカムのカカワリ）が、ク（自由に）得られることです。それによってほぐれる、ほっとする、ほのぼのとする、ほればれするといった質が生じるのです。

体の中に立つ氣の柱

氣の見える整体師から「先生の氣は体の中で太く柱のように立っていますね。他の方はとても細いのです。こんなに太い氣は初めてです」と言われました。「魂合氣を教えていますから、多少は太くなければ教えられないですから」と言ってしまいましたが、マノスべの姿勢と感受性を身に付ければ、誰でも同じように太い柱が立ちます。

双軸(正反)と対粒子
『相似象』第三号 三より

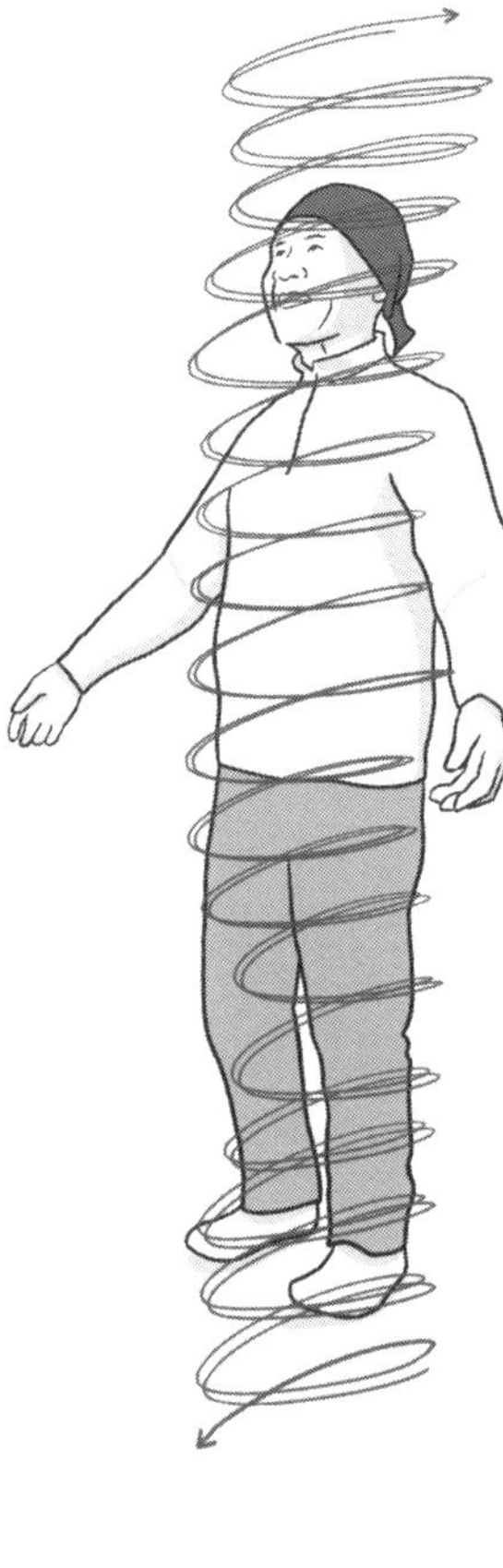

体に渦の「氣の柱」が立つと、姿勢が自然とまっすぐに整う。

氣の柱は中心が濃く、それが体の外へと大きく広がります。それはアメノウヅメ（氣の渦）がソコタチ（膨張）とソギタチ（収縮）をアマハヤミ（超光速）で繰り返しているからです。ソコタチで氣が大きく広がれば細胞同士の心の橋渡しもできますから、そこに共鳴も生まれます。魂の合氣では、遠達性の力を使うのです。そこで取りと受けの共鳴が生じれば、受けは自在に動いてくれます。

アマは四相をもっていますから、ソコ（膨張、アワ）に伴ってシマ（流線、ナミ、波動性）に変化し、ソギ（収縮、サヌキ）に伴ってマリ（粒子性）に超高速で変化しています。渦の広がりが、中心に収縮して、マリが濃くなった状態のときに、柱として見えるのでしょう。

潜象での相似象

アマにはソコタチ（膨張性）とソギタチ（収縮性）があります。ソコタチとソギタチは一定の周期で互換するのではなく、部分的に偏りがあるためにアメノウヅメ（渦流）が生じます。渦流の状態によって双軸の流線態（縞）も生じます。

体に立つ渦流も相似象になっていて、サヌキ回りで上昇するイカツミ（電氣素量）とアワ回りで下降するマクミ（磁気素量）が双軸の正反になっていますから、そこにカラミ（力素量）が生じます。このように、イカツミ、マクミ、カラミのミツゴ（三素量）が集団的に親和重合した状態を、重イキココロといいます。そして重イキココロは心の素量であり、生命力の素量でもあります。

そして、アマのソギタチ（収縮）によって発現する力を、近達性の力（カラミ）といい、アマのソコタチ（膨張）によって発現する力を、遠達性の力（チカラ）といいます。このようなことを『武産合氣』では次のように書かれています。

双軸の流線態の柱によって身軽く動ける

「火と水の動き、つまり高御産巣日、神産巣日の二神の、右に螺旋し舞い昇りたまい、左に螺旋して舞おりたまう御行為によって、水精火台の生じる摩擦作用と全く同一形式なのであります」（『武産合氣』44頁）

水精火台とは何を意味するのでしょうか。火は上り、水は下ります。このとき、火と水の摩擦作用で水蒸氣が発生して大きな力が生まれます。体内に立った柱も水精火台と同じ原理があります。

サヌキ回りで上昇するイカツミ（電氣の素量）と、アワ回りで下降するマクミ（磁氣素量）とが添って、双軸になっています。そこにカラミ（力素量）が生じますから、体はしっかりと立ちます。大きな力も生じます。そして、この力によって身軽に動けるのです。

渦の氣柱がしっかり立っていないと体の前側の筋力は強いので、その筋肉に負けて、次第に前屈《まえかが》みの姿勢になってしまいます。

先に「人の魂《たま》には下り魂と上り魂とありて、下りの魂の人を真霊人《まひと》とし上り魂《たま》を禍霊人《まかひと》となす」という、荒深道斉の言葉がありました。氣の渦も「左に螺旋して舞い下りる」アワ性の氣をまずはしっかりさせなければなりません。

サヌキ性（右回り）の上り魂が優位になっていると、氣が上がります。サヌキ性が優位だと、エネルギーでいえば消費量に補給量が間に合わなくなり、身心共に落ち込んで鬱《うつ》が生じるのです。

アワ性（左回り）の下り魂が優位であれば、生命力が安定し、身心が落ち着きます。すると、周りの人も心地良くなります。

体内に立つ双軸の流線態の氣柱

「先生の氣は体の中で太く柱のように立っていますね」と言われたことが切っ掛けで、どうすれば皆にも太い柱ができるかと思って試してみました。人の思いには、何事も実現させてしまう強い力がありますので、思いによって　体内に氣の柱を立ててみました。マノスベの姿勢で立って行ってみましょう。

ヒ）体の脊柱に沿って、足元から右に螺旋して舞い上りたまう渦（タカミムスビの生命体）をイメージします。すると体が上に引かれ、さらに後ろ重心になるでしょう。

フ）次は、頭上高くに舞い上った螺旋に添って、左に螺旋して舞い下りたまう渦（カムミムスビの生命力）をイメージします。後ろ重心のまま、鼠径部で折れるように腰が下りるのを感じるでしょう。

この二つの氣の流れは、上りと下りが同じラインで近接しています。上りの右回りの渦がイカツミ、下りの左回りの渦がマクミの相似象になります。右回りと左回りの渦が、双軸の流線態（縞）で立っています。

こうした渦ができるのは、高御産巣日、神産巣日の二神の御行為によるのですが、ちなみにタカミムスヒは、アマナからトコロ（空間量）が発現すること。カムミムスヒは、アマナからトキ（時間量）が発現することです。トキ・トコロの発生が密になると、人生も濃く生きられることでしょう。

体内に氣の柱を立てて荷物を持ち上げてみる

ヒ）始めに重い荷物を持ち上げて、そのときの重さを覚えておきましょう。そして、体に氣の柱を立てて持ち上げてみます。

フ）マノスベの姿勢で、右に螺旋し舞い上る氣の柱を立てます。もちろん左に舞い下がる氣もできていますが、意図することで舞い上がる氣の勢いが強くなっているはずです。そして同じ荷物を持ち上げてみます。驚くほど楽々と持ち上がります。これならば、ぎっくり腰にはならないだろうという確信も生まれます。

ミ）次に、左に螺旋し舞い下がる氣の柱を立てて、同じ荷物を持ち上げてみます。重くて持ち上がりません。力が入らないのです。その代わりに、氣（遠達性の力、神の力）が強くなっているはずです。

昔の日本人はこのような渦の柱を知らなかったでしょうが、マノスベの姿勢ができていましたから、しっかりと立った双軸の渦の柱がアマハヤミ（超光速度）で膨張と収縮を繰り返すことで、遠くに届く遠達性の力も、筋力という近達性の力も使い分けることが自ずとできていたのでしょう。

現代人がそれを失ってしまったのは、現代人の姿勢では柱が太くならないからです。したがって力も弱くなり、神の御加護も薄くなったのです。ここが現代と昔の日本人の明らかな違いなのです。

脱力が力を生み出す

その①　腕相撲で試してみる

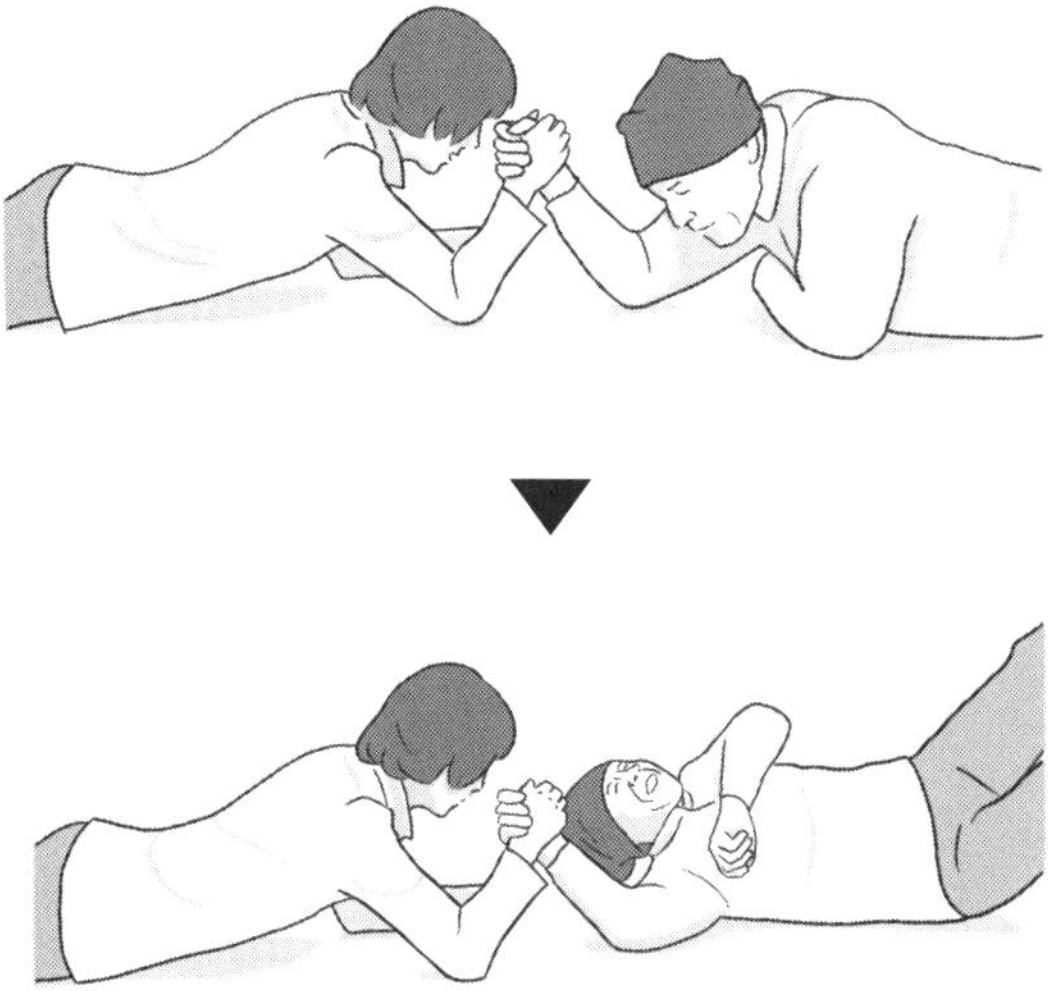

氣の柱ができていると、受けの身体ごと難なく転がせる。

ヒ）床にうつ伏せになり向かい合い、取りはマノスベの姿勢で、右に螺旋し舞い上る氣の柱を作ります。そして、腕相撲のようにお互いの掌を握ります。そして「セーノ」で双方が力を入れます。すると、取りは体内に氣の柱が渦巻いていますから、難なく受けの腕を押し倒すことができます。腕というよりも身体ごと倒す感じがします。

7）次に、取りは左に螺旋し舞い下がる氣を立てて、同じように受けと腕相撲をします。「セーノ」で始めますが、取りは力が抜けていますから、自分から受けを倒そうとせずにそのままでいます。受けは力を入れて取りの腕を倒そうとします。すると、受けは自分の入れた力が跳ね返ってきて、倒されてしまいます。つまり受けは自分の力を入れれば入れるほど、反作用の力が強くなって倒されるのです。私が受けで、小学校3年生の女子が取りを行ったときに、私は力を入れると、見事に倒されました。一瞬で倒されましたから、筋力とは違います。潜象の力、神の力といって良いでしょう。

その② 脱力した受け

両者が並んでマノスベの姿勢で立ちます。取りは右手で受けの左手をそっと優しい気持ちで取ります。そして取りは、「左に螺旋して舞い下りたまう神産巣口《かむみむすび》」の渦を体内にイメージします。

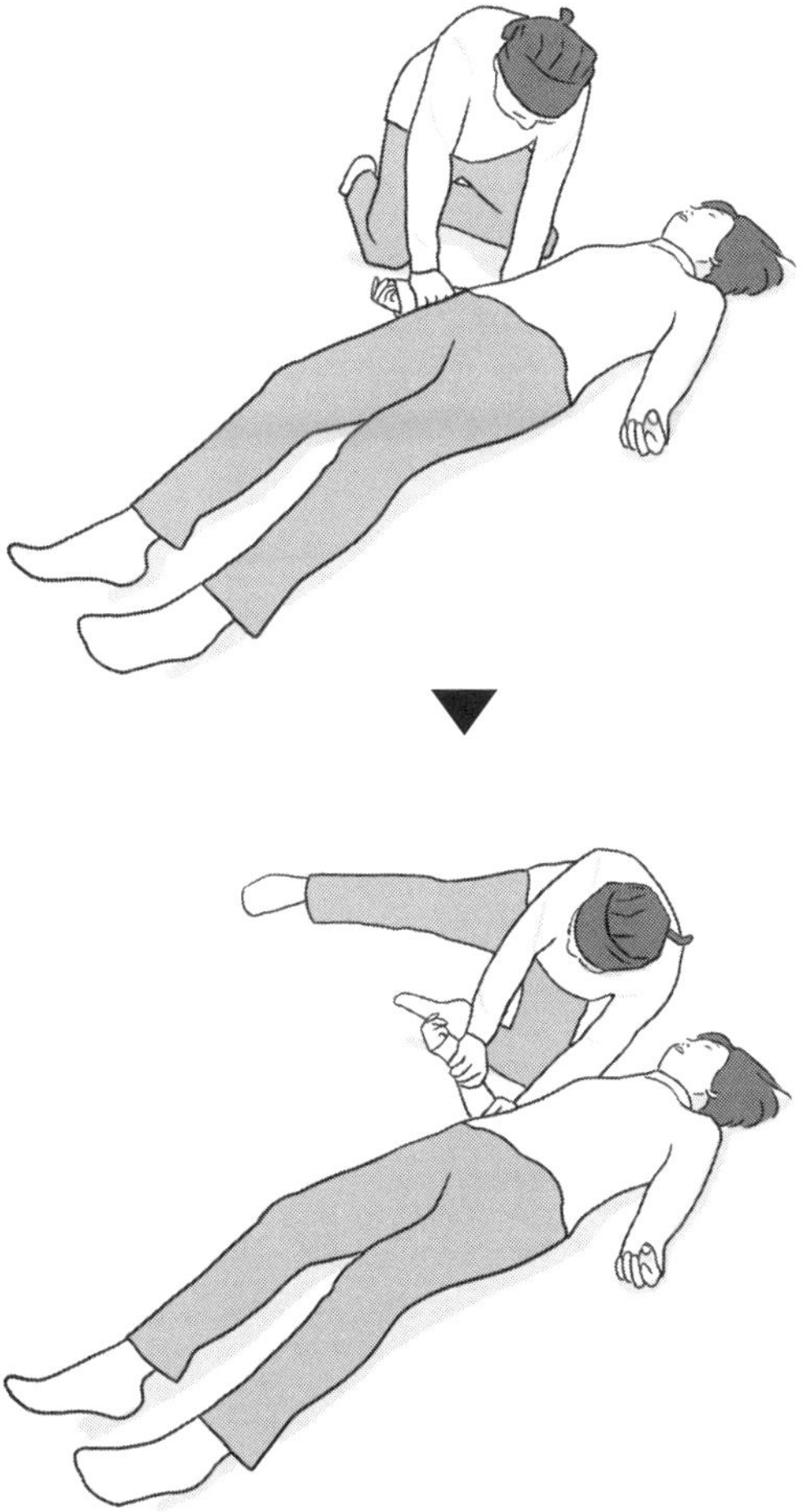

体が脱力して緩んでいれば、片手を両手で押さえられても、簡単にはねのけられる。

すると、受けの体は取りの体に共鳴します。これはカムミムスビの神の働きです。「体の中に渦の柱が太く立ちますね」と言う受けもいました。

こうして受けの体が緩んで、受けは後ろのマット上に倒れました。完全に脱力ができた受けは、とても重くなっています。持ち上げることも転がすこともできません。

そこで、受けの片手を両手で押さえこんで「持ち上げてみてください」と言うと、受けは押さえた力を簡単にはねのけてしまいました。これが脱力が生み出す力です。実は、寝た姿勢で、マノスベの姿勢（骨盤を後方に回旋させて背中を平にした姿勢）であれば、同じような「脱力が生み出す力」が使えます。

しかし、西洋的な骨盤を前方に回旋させて腰を反らせた姿勢では、真の脱力ができないために脱力が力を生み出すなど思いもつかないでしょう。

その③　取りの腕に受けが触れると

ヒ）取りはマノスベの姿勢で立ち、右に螺旋して舞い上る高御産巣日の神の渦を作ります。

そして右手を出します。受けはその手首を右手で掴みます。取りは腕を動かそうとはしません。

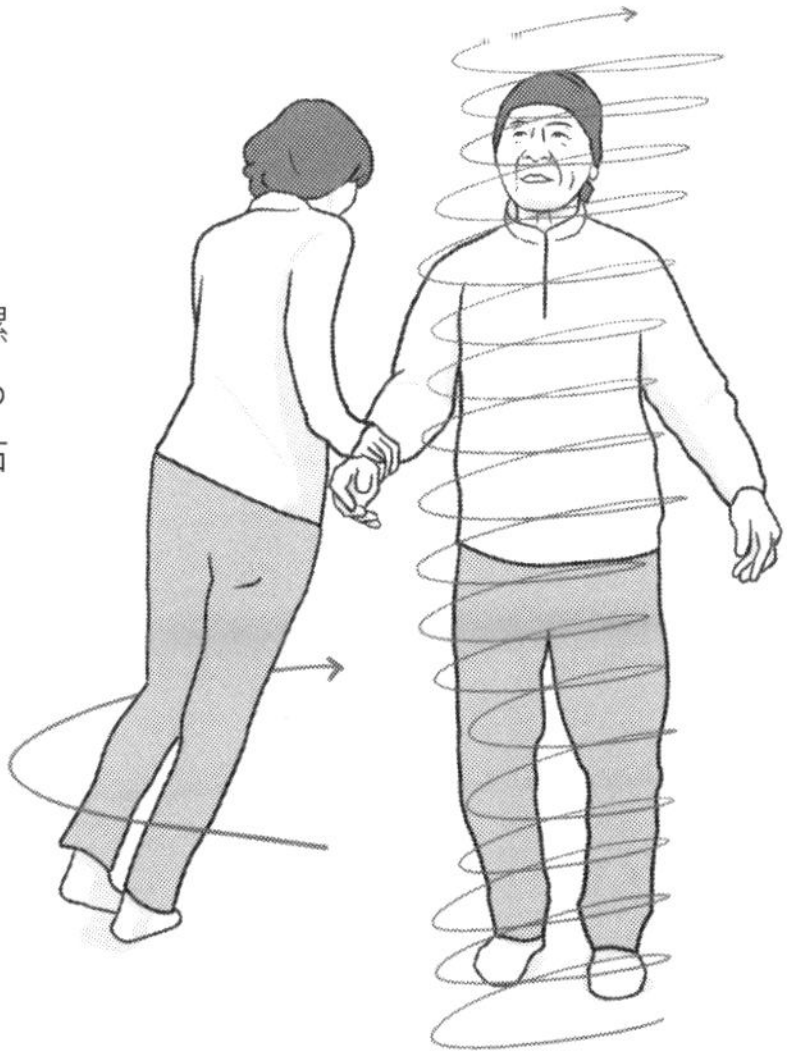

受けは、右に螺旋して舞い上る渦に流され、右回りに崩れる。

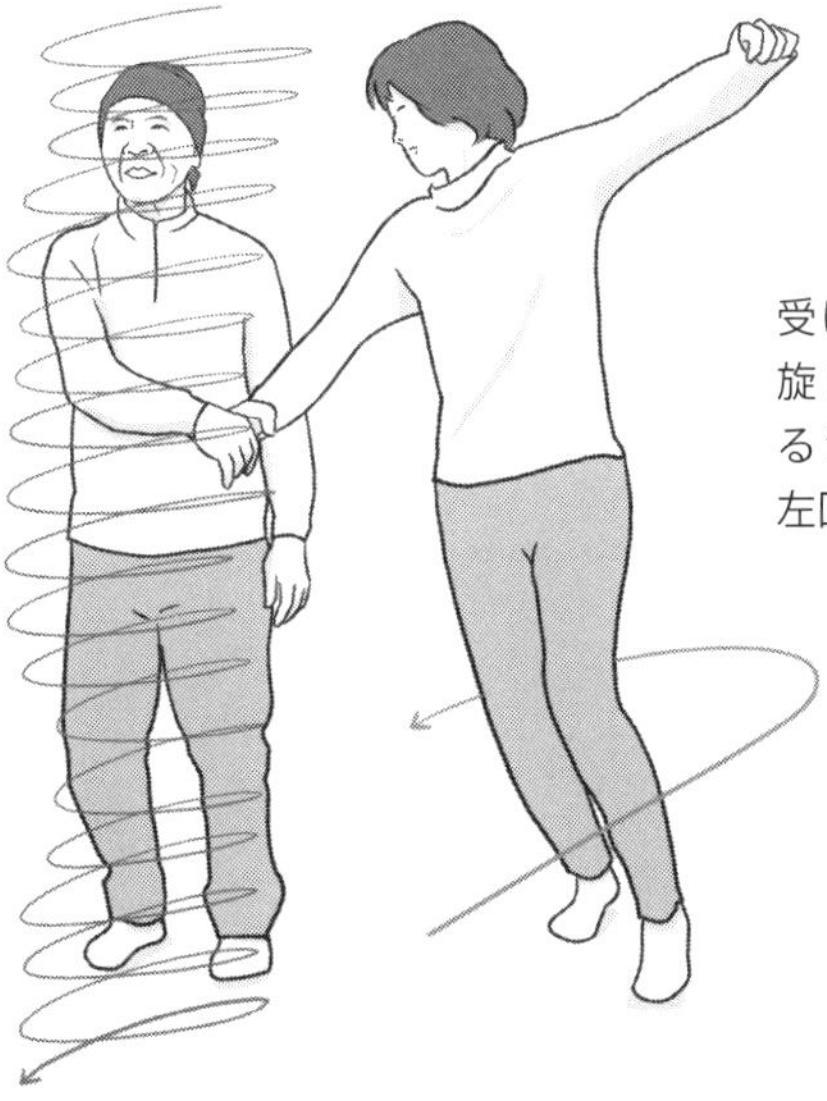

受けは、左に螺旋して舞い下りる渦に流され、左回りに崩れる。

すると受けは、渦の流れに流されるように右回りに動いて崩れてしまいます。

フ）取りは、左に螺旋して舞い下りたまう神産巣日の神の渦を作ります。そして右手を出します。受けはその手首を右手で掴みます。取りは腕を動かそうとはしません。すると受けは、渦の流れに流されるように左回りに動いて崩れてしまいます（前頁イラストでは、取りの右手は受けの倒れる動きに引かれていますが、自ら動かすわけではありません）。

両腕に螺旋する氣を作ってみよう

両腕にも、螺旋する氣が巡っています。これを思いで作ってみましょう。

ヒ）マノスベの姿勢で立ち、足幅は平行に狭くします。両腕は10度ほどの角度で若干前方へ出して、両脇を少し開けます。

フ）右腕の周りには、肩から手先方向へと右に螺旋していく氣をイメージします。すると高速で密に螺旋する回転力に引かれるように、腕が若干右回りに回されるでしょう。

指先は緊張させないように。

ミ）左腕の周りには、左回りに手先から肩方向へと螺旋していく氣をイメージします。すると高速の渦の回転に引かれるように、若干腕が左回りに回されるでしょう。両腕に氣の渦ができるにしたがって、身体は後方に引かれて後ろ重心になります。

ヨ）螺旋する氣の流れは右肩から右腕を下がり、左掌から左腕を上り、背中を回ってまた右腕から下がります。このような氣の廻りができると、体は左回りに回されます。これは椅子に腰掛けてもできます。とても心地良いでしょう。

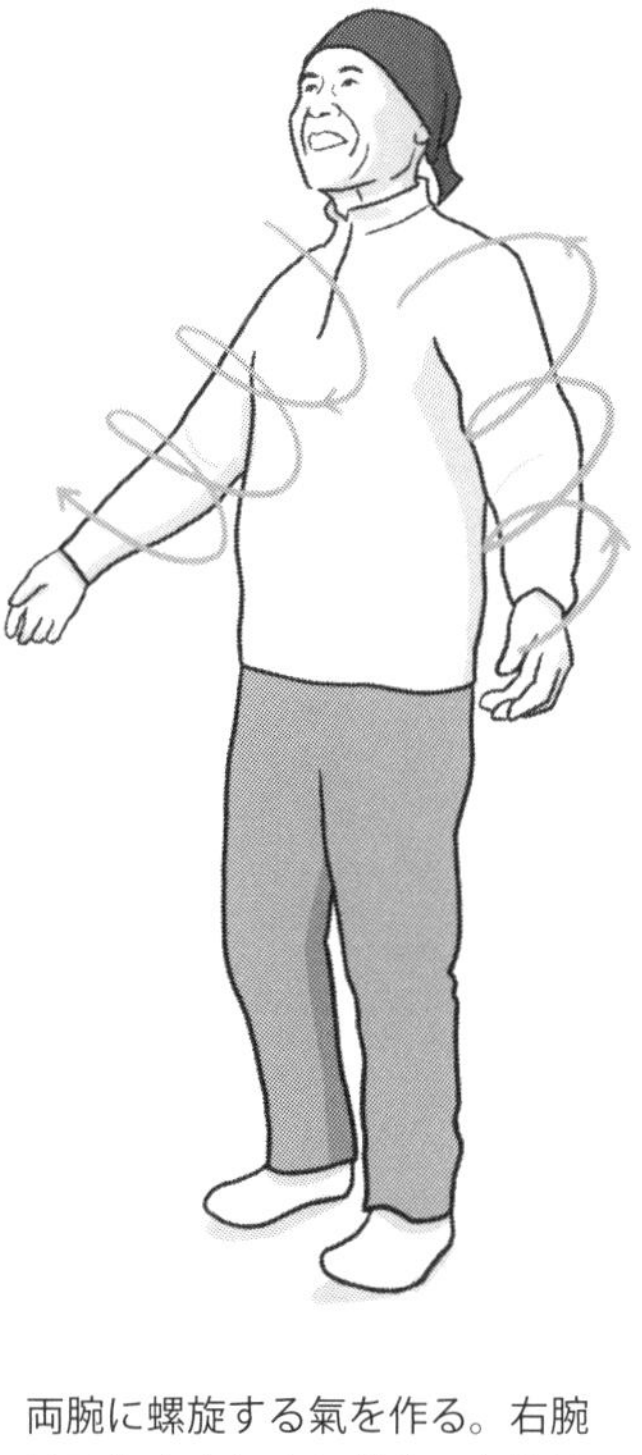

両腕に螺旋する氣を作る。右腕は手先方向に右に螺旋、左腕は肩方向に左に螺旋していく。身体は自然と後ろ重心になる。

イ）ちなみに脚の渦はどうかというと、腕とは逆になります。右脚は足元から左に回りて舞い上がり、左脚は右に回りて舞い下がるとイメージします。

腕に渦をイメージして作る例

渦に関しては研究中ですから、まだまだ様々なことが生まれる可能性があります。「イメージはどのくらい時間を掛けると良いのですか」という問いに関しても同様にいろいろと試してみてください。

例えば、腕の渦も双軸とイメージして、右肩口から手先まで右に螺旋して舞い下りて、左手先から左肩口まで左に螺旋して舞い上るイメージをします（手先で渦が逆向きになることはありません）。

続けて、左肩口から左手先に向かって右に螺旋して舞い下りて、右手先から右肩口に向かって左に螺旋して舞い上るイメージをします。双軸の正反ですから、同じ螺旋を往復する感じです。この往復を一、二度行います。腕や手先から「できたよ」と合図を感じることもあります。

そして、腕相撲で試しましたが、圧倒的な強さが生まれました。こんな遊びでも、マノスベの姿勢やアワの心が前提になります。ぜひ姿勢をマノスベにして、心をアワ（感受性と和）が主体になるように変えましょう。私たちも「先祖からの技をやらんならん」のです。

体内の氣を見ていただいた

体内にアメノウヅメ（渦巻の柱）を立て、両腕には螺旋する氣を作り、氣の見える方に見ていただきました。すると、「体の中に氣の柱が太くて鮮やかに輝いて立っています。右腕を回る氣は太陽のようにしっかりしていて、左腕を回る氣は月のように清涼に感じます」とのことでした。

こうした双軸の氣の作用で、体の内外に様々な力が生み出されます。「誰もがこのように体に氣の柱が立っていれば、病氣などなくなるでしょうね」と私が言うと、「まったくそう思います。ほとんどの人の氣の柱は、か細いし曲がっていたりしますから、太ければ、病氣はしなくなるでしょう」とのことでした。

マノスベの姿勢であれば、氣の柱は太く立ちます。氣はミツゴナミ（生命波動）なのです。

渦のできた体で感受性が高まる

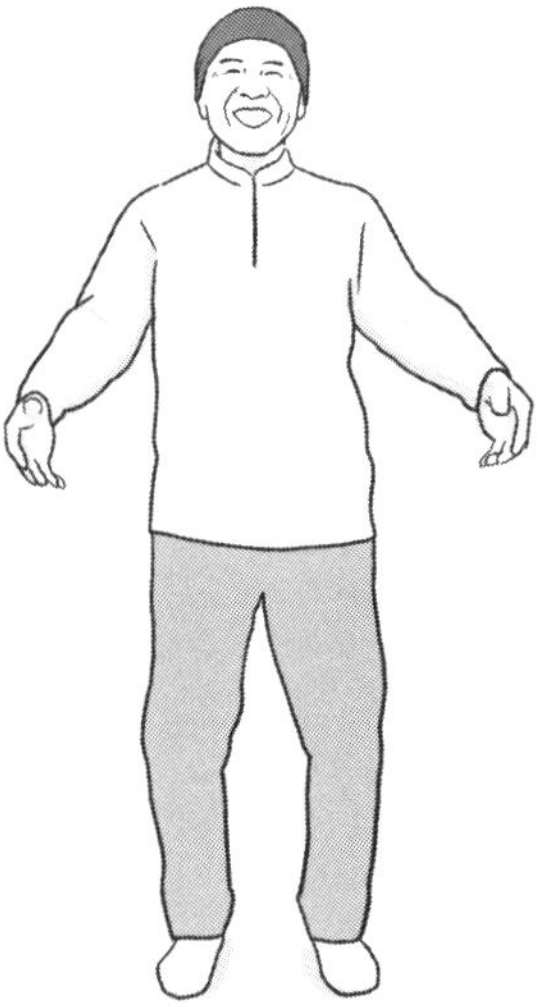

体に氣の渦を作り、全体を感受する。両腕をゆっくりと横に30度ほど開き、ゆっくりと等速度で45度ぐらいまで上げていくだけ。

体に氣の渦を作り、体を丁寧に動かしてみました。

まずは両腕を、30度ほどゆっくりと横に開いていきます。そこから前方にゆっくりと等速度で上げていきます。45度ほどの角度まで、肩を中心にして腕を動かします。

これだけの動きでしたが、体の中全体がはっきりと感受できます。初めて行ったときに「おお、この感覚は何だ」と、とても感動しました。

この腕を受けが握ると、腕の氣の渦に動かされて自ずと動いてしまいます。あるいは、腰が抜けて崩れてしまいます。

後ろ重心はオモダルが増える

マノスベの姿勢で大切なのが、後ろ重心です。両足は平行にして足の外側が腰幅になるように立ち、アキレス腱を伸ばします。あるいは、両太股《ふともも》を内回りに回すようにしてもできるでしょう。

足裏の前側には、わずかしか体重が掛かっていません。

ちなみに、後ろに厚い布団を敷いておき「ミコニホヤホ」と唱えます。すると、後ろに引かれて倒れるでしょう。とても氣持ち良いので、倒れることを繰り返していると、体がとても柔らかくなります。

神がこのように、後ろ重心が正しい姿勢と教えてくれているのです。実はミコニホヤホでなくても、カタカムナの言葉には全て言魂の力がありますから、どれを唱えても後ろに引かれるでしょう。

受けは後ろ重心で立つ人を後方から抱えて、ゆっくりと真上に持ち上げてみましょう。重くて持ち上がりません。つまりサ（カの嵩）が増してオモダル（アマナのアワ量）が増

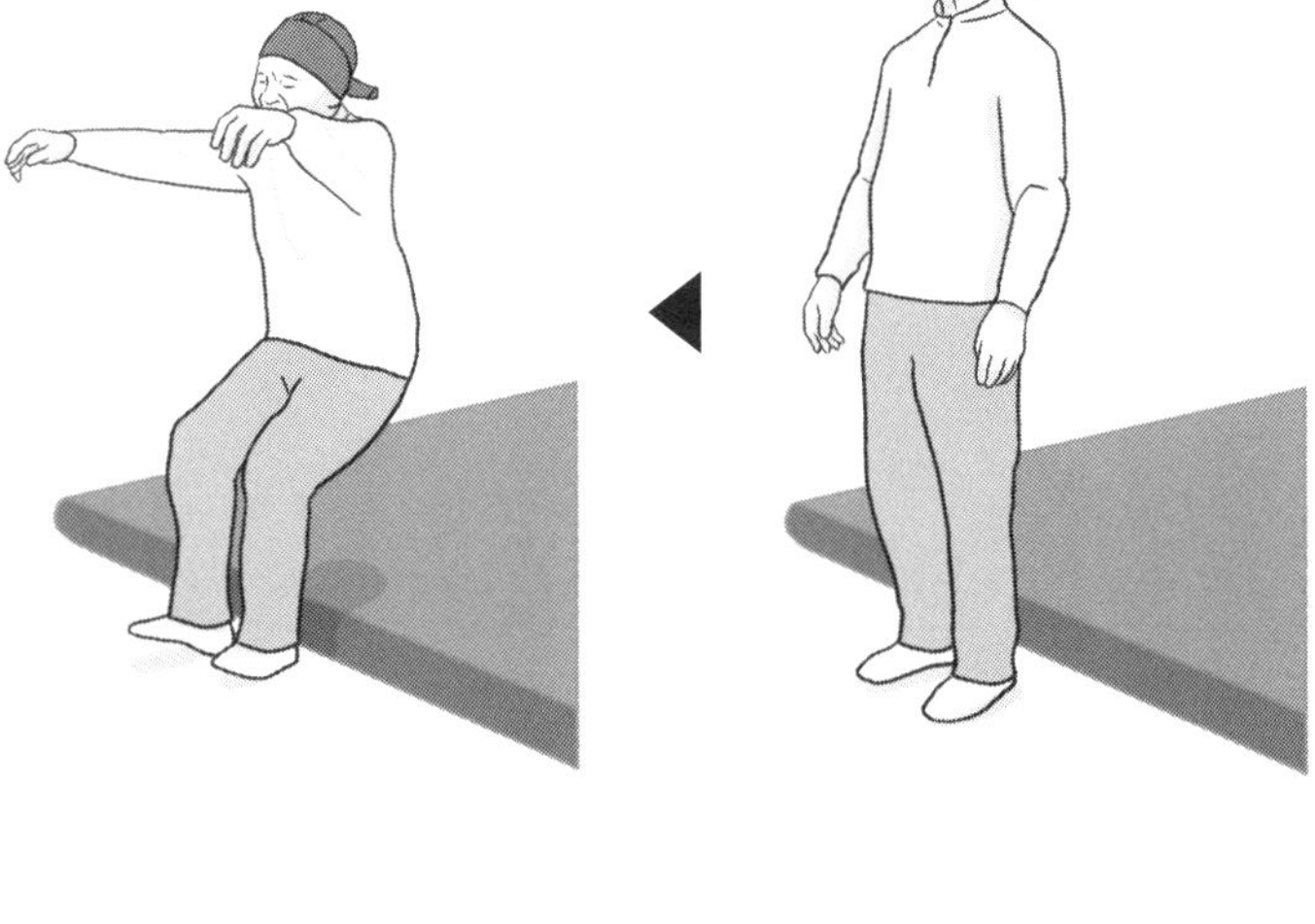

後ろに厚い布団やマットを敷き、「ミコニホヤホ」と唱えると、気持ちよく後ろに引かれて倒れる。

えているからです。

物質（現象）しか計れない秤《はかり》では表せませんが、現象と潜象とが重合互換している私たちですから、潜象の量も重さとして感知できるのです。寝入った子を抱きかかえるとずっしり重く感じるのと同じ現象です。

普段の立ち方で立ってもらい、同じように持ち上げてみると、とても軽くなっているでしょう。「前重心は、外国の人たちが闘いのために作り上げた姿勢」なのです。

弥次郎兵衛立ちでバランスの強さを知る

「弥次郎兵衛立ち」とは、弥次郎兵衛人形という、指先の上などで立ち棒を支えると釣り合いを取って倒れない昔の玩具から名付けました。体に氣の柱がしっかり立っていれば「弥次郎兵衛立ち」ができます。

氣の柱ができることを試してみましょう。取りの前に、感受性の優れた受けが立ちます。受けの後方には厚いマット、布団を敷いておきます。

取りは左回りの氣の柱をイメージしましょう。氣の柱ができると、受けは面白い体の動き（反応）をして後方に崩れます。渦を巻く氣は生命波動ですから、心地良いのです。そして中心ができることで、受けはその氣に共鳴して氣持ち良く崩れるのです。

後ろ重心こそ、バランスの取れた姿勢でありマノスベの姿勢なのです。

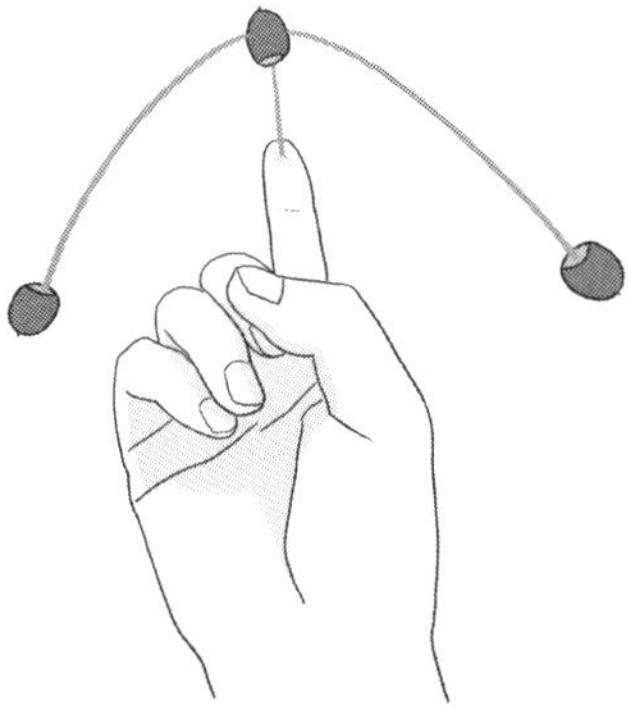

体に氣の柱が立っていれば、弥次郎兵衛人形のように倒れないバランスができる。

天の浮橋に立つような力みのない立ち方

「天の一柱なる人は、宇宙の妙精を吸収するなり。緒結びをもって浮橋に立ちて人生行路を修すること肝要なり。神ながら生成化育の大道、天真地真物真の本旨をうけ万界を守り清むべし」（『合氣神髄』168頁）

浮橋とは『古事記』の、イサナギとイサナミが天の浮橋に立ってオノコロジマを作った話に由来します。天の浮橋に立つとは、高所に立って見渡すことで、物事の是非が見えるということでしょう。それと浮橋に立つ感覚が、マノスベの姿勢で立つことと同じに思えます。

なぜならば、こうして立つとアワ量が増えて、体を抱えて持ち上げることができないほど重くなりますが、生命力が上がっていますから天の浮橋に立ったように身心共に軽く動けて、姿、振る舞いも精神性も真人のあり方に変化しています。

「地面にしっかりと地を掴むように立つ」「地の上にしっかりと立ち、地から氣を取り入れる」といった外国文化と、日本文化とはやはりあべこべになります。弥次郎兵衛立ちは、釣り合いが取れたバランス立ちです。天の浮橋に立つような、ふわっとした力みのない立ち方です。しかしこれが実にしっかりしていて、転びにくい立ち方なのです。

天の浮橋に立つような、ふわっとした力みのない立ち方は、しっかりとしていて転びにくい。

魂の比礼《ひれ》振りとはミを入れること

「魂の比礼振りでありますから絶対に形のない、学びであります。そこに、またひとつの、この神ながらの道をば、おぼえていただきたいと思うのであります」（『合氣神髄』26頁）

比礼というのは、大国主《おおくにぬし》の命《みこと》が須佐之男《すさのお》の命《みこと》の娘、須勢理比女《すせりひめ》の命《みこと》と結婚した際に、須佐之男の命は、大国主の命の器量を試すために蛇の室に寝かせます。須勢理比女の命は、比礼（女性が肩にかける薄い布）を夫に渡して「もし蛇が噛みつこうとしたら、この比礼で三度振って祓い給え」といいました。大国主の命は、「比礼のおかげで、平《やす》く寝ることができました」という話が『古事記』にあります。

比礼を振る、薄い布を振るという仕草は、力を使いません。速くも振れません。舞のような動きの柔らかさ、ここにも極意があるのでしょう。蛇でさえ心地良くなって襲ってきません。そんな優しい動き方(等速度の動き、丁寧な動き)をするのが合氣道の技なのです。

「形のない学び」というのは、形を覚えるのではありませんし、形で動けば筋力を使います。ミを入れることを学ぶのです。筋力ではなく遠達性の力を使うのです。

合氣の動きは副交感神経系

スポーツは、氣持ちを沸き立たせる交感神経系です。合氣は氣持ちを鎮める副交感神経系です。副交感系優位でいれば、次のような長所が生まれます。

体が熱くなって眠くなります。心は穏やかに、手足は温かく、筋肉は柔らかくなります。呼吸は深くゆっくりと、視野は大きく広がり、胃腸は活発になり、消化が促進されます。血糖値は下がり、血圧も下がります。

このように、人は争ってはならないのです。これが神の教えであり、合氣道の極意なのです。学校では、昼間に交感神経が働き、夜間には副交感神経が働くと習ったと思いますが、昼間も副交感神経系を時々優位にして、丁寧に動かすことを心掛ければ、生活習慣病をはじめ様々な病氣のおそれもなくなります。

それを習慣づけるのが、合氣道の動き方なのです。体の使い方、心のあり方をミソギ（ミを入れる）をして、生命力の証であるミツゴナミ（生命波動）の発生を豊かにすることです。スポーツ的な動き方から、日本人本来の動き方に１８０度転換することで、呼吸が深くゆったりとなります。オモダルも増します。すると身軽に動けますから、この違いがわかります。

次のような話を聞きました。いつも畑仕事をしている田舎のお婆さんのところに、孫たちが訪れました。孫たちが「今日は手伝いましょう」と言うと、「お前たちではすぐに疲れるからやめておきなさい」と言われたそうです。昔の人の体の使い方であれば、年を重ねても元氣に動けます。現代にもこんな会話があったことに嬉しくなりました。

おわりに

この本を書くことによって発見できた、素晴らしいことがあります。

植芝盛平の言葉に**「高御産巣日、神産巣日の二神の、右に螺旋し舞い昇りたまい、左に螺旋して舞いおりたまう御行為によって、水精火台の生じる摩擦作用と全く同一形式なのであります」**とありました。これは、カタカムナではイカツミとマクミのカラミあうことで生じるチカラと相似象でした。

このような原理が、日本人のミツゴナミ（生命波動）を生み出すチカラであったのです。右に螺旋し舞い上りたまうご行為でカラミ（近達性の筋力）が強くなり、左に螺旋し舞い下りたまうご行為でチカラ（遠達性の力）が強くなりました。脊柱を巻いて立つ螺旋の柱は双軸ですが、その使い分けは意識せずとも自ずとできていたのでしょう。

これがわかったことで、かつての日本人が肉体的にも精神的にも強かったことの合点がいきました。もちろん、モロカゲサチ（環境からの生命力の給与）が豊富であったのは、外国とは真逆の万有万神、全てを神として崇めることができた日本人独特の信仰心であり万有愛護の心でした。これによって神の応援があったのです。全ての力は神から与えられます。そのことやマノスベの姿勢やイキココロ（精神性）を、カタカムナ文献は伝えてく

れました。

さらには、潜象（神の世界）のことを知ることができましたから、豊かにオホ（力の親和重合）があって日本人は身心共にイヤシロチバ（壮健）でいられたのです。こうしたアワ（潜象）性が豊かな人は、戦前の日本には大勢いたでしょう。そこで傍にいる人たちもそのアワ性に共鳴して、多くの人々が強く生きられたのです。物事を辛抱強く続けられる生命力もアワ性から生じます。アワ（潜象）は神々の働く世界でした。

先祖からの技は、日々天地と共にお互いに弥《いや》栄《さか》える術《すべ》でした。このようなことが『合氣神髄』やカタカムナ　ウタの共通の主旨だったのです。

参考文献

『合氣神髄』　植芝吉祥丸監修……柏樹社
『武産合氣』　高橋英雄編著……白光出版
『武の真人』　砂泊兼基著……たま出版
『古神道秘訣』　荒深道斉著……八幡書店
『神道大祓全集』……中村風祥堂
『サヌキ・アワ（性）のサトリについて』
相似象・第十号別冊
宇野多美恵著……相似象学会事務所

著者◎大野 朝行 おおの ともゆき

東京都北区出身。平成7年『相似象』に出合い、カタカムナの研究を始める。平成10年『合氣神髄』『武産合氣』に出合い、合氣に興味を持つ。『五輪書』の姿勢で風帆の歩きと合氣ができることを発見。平成18年「魂合氣研究会」を発足。著書に『「カタカムナ」で解く　魂の合氣術』『「カタカムナ」の姿勢と動き』（いずれもBABジャパン)、『カタカムナ・上古の生き方に学ぶ感受性　生命の神業』（オンデマンド版、デザインエッグ社)、DVDに『カタカムナの合氣』『魂の合氣』（BABジャパン）など多数。

◎カタカムナと生命の神業
https://hogu.info

イラスト ● 岡本みどり
本文デザイン ● 澤川美代子
装丁デザイン ● やなかひでゆき

カタカムナで直感する
神人一体の合氣
「絶対不敗」の真理へ

2023年3月5日　初版第1刷発行

著　者　　大野朝行
発行者　　東口敏郎
発行所　　株式会社BABジャパン
〒151-0073 東京都渋谷区笹塚1-30-11　4・5F
TEL　03-3469-0135　　FAX　03-3469-0162
URL　http://www.bab.co.jp/
E-mail　shop@bab.co.jp
郵便振替 00140-7-116767
印刷・製本　中央精版印刷株式会社

ISBN978-4-8142-0518-9 C2075